毎日のドリル 学研

できたよ ★ シート

べんきょうが おわった ページの ばんごうに
「できたよシール」を はろう!

なまえ

スタート がんばるぞ!

| 1 | 2 | 3 | 4 |

\かくにんテスト/
9 8 7 6 5

その ちょうし!

10 11 12 13 14
\かくにんテスト/

もうすぐ
はんぶん!

19 18 17 16 15
\かくにんテスト/

20 21 22 23 24 25
\かくにんテスト/ \かくにんテスト/

あと ちょっと!

30 29 28 27 26

31 32 33 34 35 36
\かくにんテスト/ \かくにんテスト/ \まとめテスト/

ゴール

3
JN021143

37
まとめテスト

1年かん字

すこしずつから自分でとく！

＜ 一日一枚の勉強で、学習習慣が定着！

◎目標時間つきで、無理のない量の問題を解決していくので、「一日一枚」やりきれます。

◎解説がていねいなので、まだ学校で習っていない内容も自分で勉強を進められます。

＜ グンと学習の中心となる「基礎力」が身につく！

◎スモールステップで構成され、一冊の中から学習し直す必要もあり、確実に「基礎力」が身につくようになります。「基礎」が身につくから、発展的な内容にも進めるのです。

◎教科書の学習内容にそって、主要教科の表現力も身につけられます。

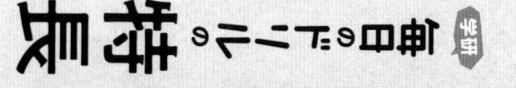

＜ 勉強習慣づくりにも活用して、楽しく勉強しよう！

◎設定した勉強時間にノートの○をのせ、学習時間を記録していきます。

◎時間や点数などを記録していき、成績アップがわかるように。

◎勉強をがんばると、キャラクターにパーツをつけるなど、日々の成長がわかります。

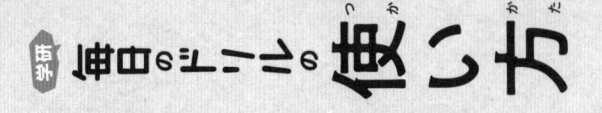

❶ 一日一枚、集中して解きましょう。

目標時間

◎ 一回分は、一枚（表と裏）です。

一枚ずつはがして使うこともできます。

◎ 目標時間を意識して解きましょう。

アプリのストップウォッチなどで、かかった時間を計るとよいでしょう。

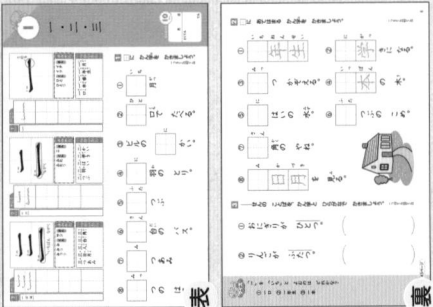

表　裏

・「かくにんテスト」……ここまでの内容が身についたかを確認しましょう。

・「まとめテスト」……最後に、この本の内容を総復習しましょう。

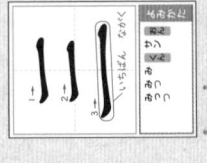

・音読みと訓読みはカタカナ、訓読みはひらがなで示しています。
・赤い字は送りがなです。
・（　）は、小学校では学習しない読みです。

❷ おうちの方に、答え合わせをしてもらいましょう。

・本書の最後に、「こたえとアドバイス」があります。
・答え合わせをして、点数をつけてもらいましょう。

❸ 「できたよシート」に、「できたよシール」をはりましょう。

・勉強した回の番号に、好きなシールをはりましょう。

❹ アプリに得点を登録しましょう。

・アプリに得点を登録すると、成績がグラフ化されます。
・勉強すると、キャラクターが育ちます。

できなかった問題を解き直しすると、もくもくがつくよ！

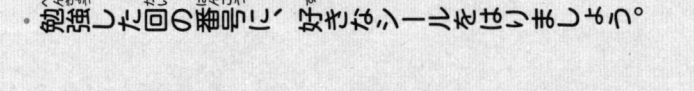

※本書では、一般的な教育用の漢字書体を使用しています。
子どもが書くときとちがいについて、お使いの教科書と異なる場合がありますので、ご了承ください。

毎日のドリル 勉強管理アプリ

「毎日のドリル」シリーズ専用、スマートフォン・タブレットで使える無料アプリです。1つのアプリでシリーズすべてを管理でき、学習習慣が楽しく身につきます。

1 「毎日のドリル」の学習を徹底サポート！

目標時間を意識しよう！

- 毎日の勉強タイムをお知らせする「タイマー」
- かかった時間を計る「ストップウォッチ」
- 勉強した日を記録する「カレンダー」
- 入力した得点をグラフ化する「グラフ化」

2 キャラクターと楽しく学べる！

好きなキャラクターを選ぶことができます。勉強をがんばるとキャラクターが育ち、「ひみつ」や「ワザ」が増えます。

3 1冊終わると、ごほうびがもらえる！

ドリルが1冊終わるごとに、賞状やメダル、称号がもらえます。

これはやる気が出るぞ！

4 漢字と英単語のゲームにチャレンジ！

ゲームで、どこでも手軽に、楽しく勉強できます。漢字は学年別、英単語はレベル別に構成されており、ドリルで勉強した内容の確認にもなります。

自己ベスト更新を目指そう！

漢字のよみがなを当てよう

単語のいみを当てよう

アプリの無料ダウンロードはこちらから！
https://gakken-ep.jp/extra/maidori/

【推奨環境】
■各種Android端末：対応OS Android6.0以上
■各種iOS（iPadOS）端末：対応OS iOS10以上
※対応OSであっても、Intel CPU（x86 Atom）搭載の端末については、各ストアでご確認ください。
※対応OSのネット環境および対応機種についても、当社では正しく動作しない場合があります。
※お客様のネット環境および対応機種によりアプリをご利用いただけない場合、当社は責任を負いかねます。
※サービスの提供を中止する場合があります。ご理解、ご了承くださいますよう、お願いいたします。
また、事前の予告なく、サービスの提供を中止する場合があります。

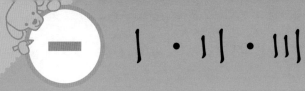

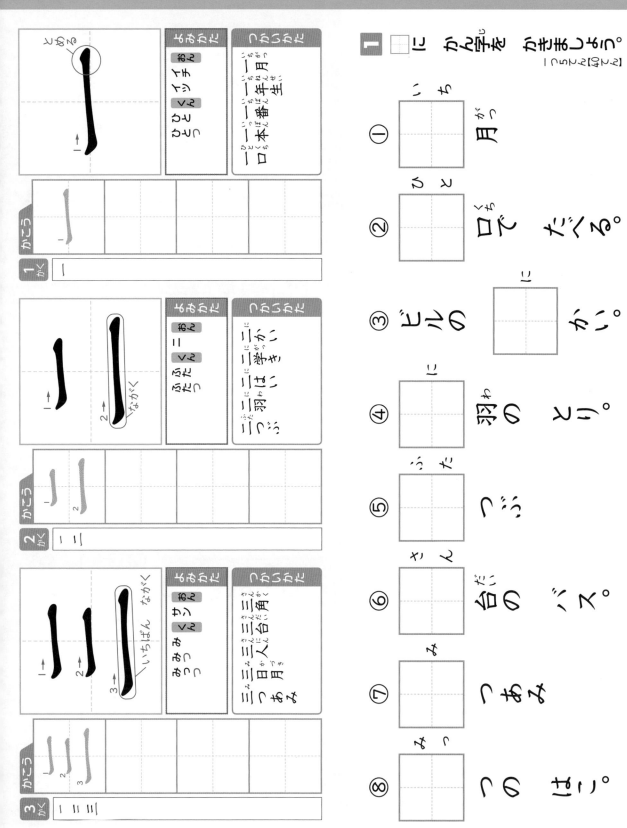

2 □に あてはまる かん字を かきましょう。 1つ5てん【40てん】

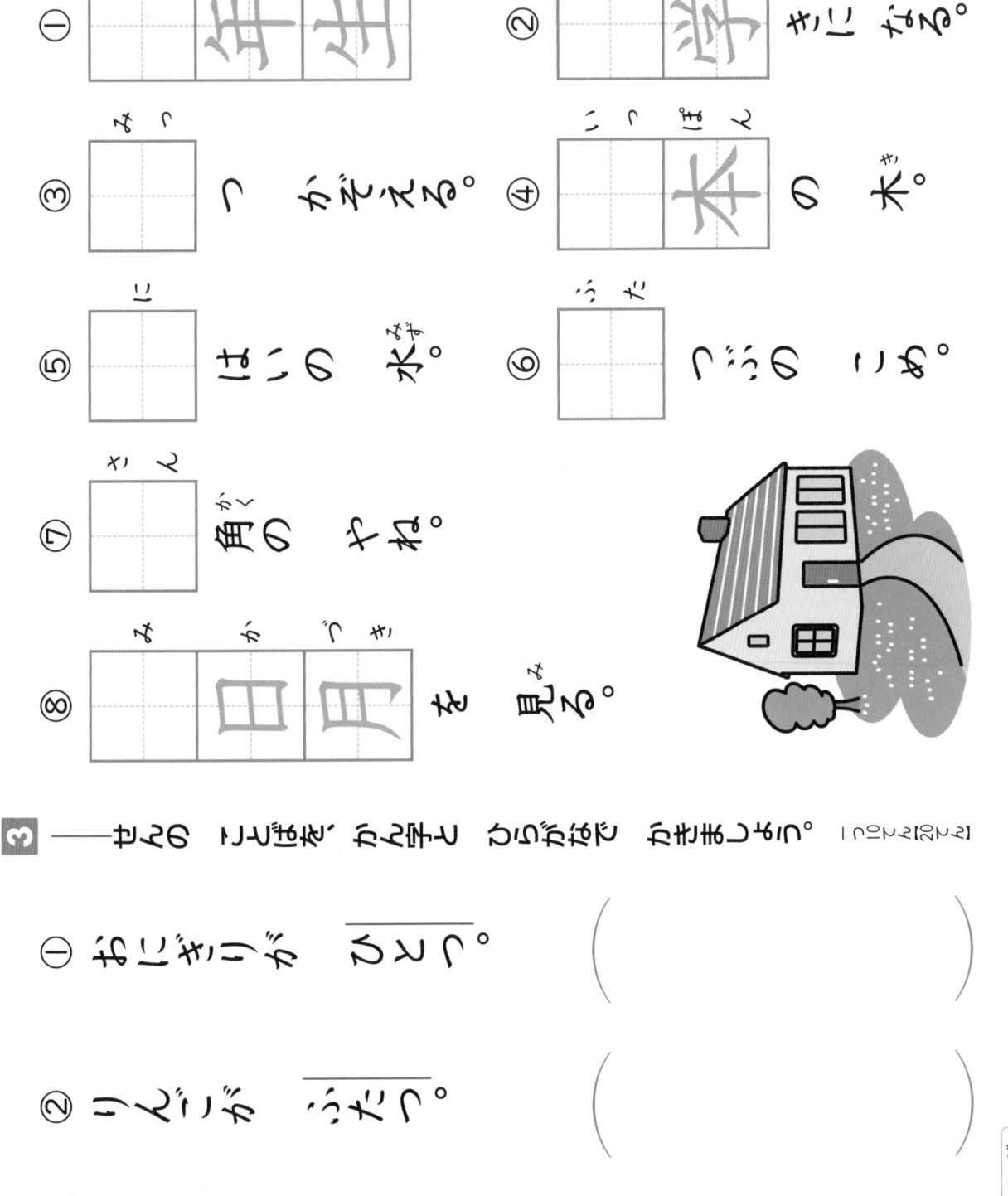

① 一年生

② 二月　きに なる。

③ め　□ かんがえる。

④ 一本　の 木。

⑤ 二　はこの 水ずう。

⑥ 二た　□らの こえ。

⑦ 三ん　角の やね。

⑧ 三日月　を 見る。

3 ——せんの ことばを、かん字と ひらがなで かきましょう。 1つ5てん【20てん】

① おにぎりが ひとつ。　（　　　　　　　　）

② いぬが ふたつ。　（　　　　　　　　）

クイズ 「一」を 「いち」と よむのは どれかな？
①一口 ②一年生 ③一本

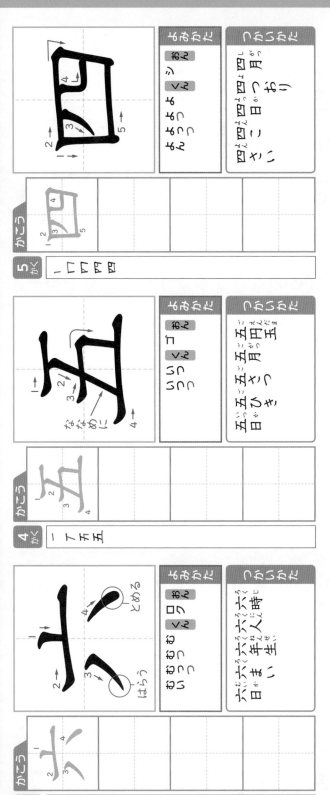

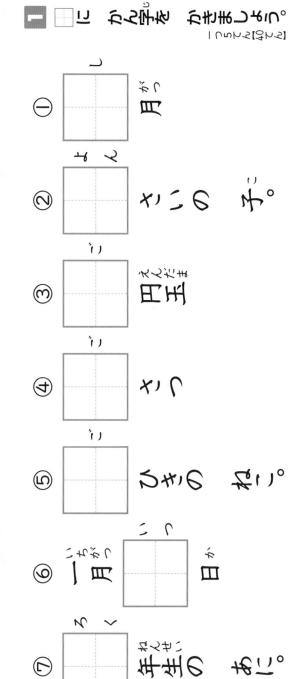

1 □に かん字を かきましょう。
1つ5てん〔40てん〕

① □ し 月が

② よ ん □ さいの 子。

③ □ えん玉

④ □ さつ

⑤ □ ひきの ねこ。

⑥ 一 月が □ 日か

⑦ □ 年生の あに。

⑧ 二 月が □ 日か

7

２ □に あてはまる かん字を かきましょう。 〔１つ5てん【40てん】〕

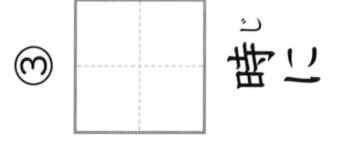
① ご がつ　月

② よ か　日　前（まえ）
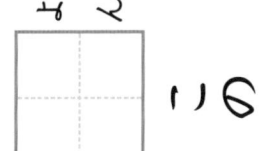

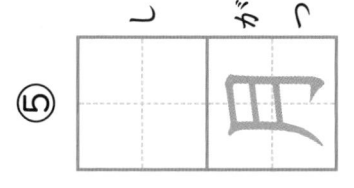
③ ろく　時に おきる。

④ よ にん　この くに。

⑤ く がつ　月

⑥ ろく まい　まいの はがき。

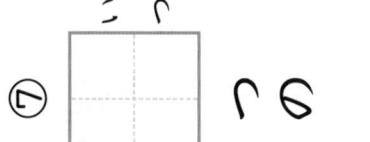
⑦ ここ のつ　つの あめ。

⑧ ろく にん　大で あそぶ。

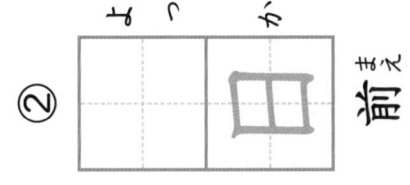
カずの かん字だよ。
じゅんばんに きを
つけて おぼえよう。

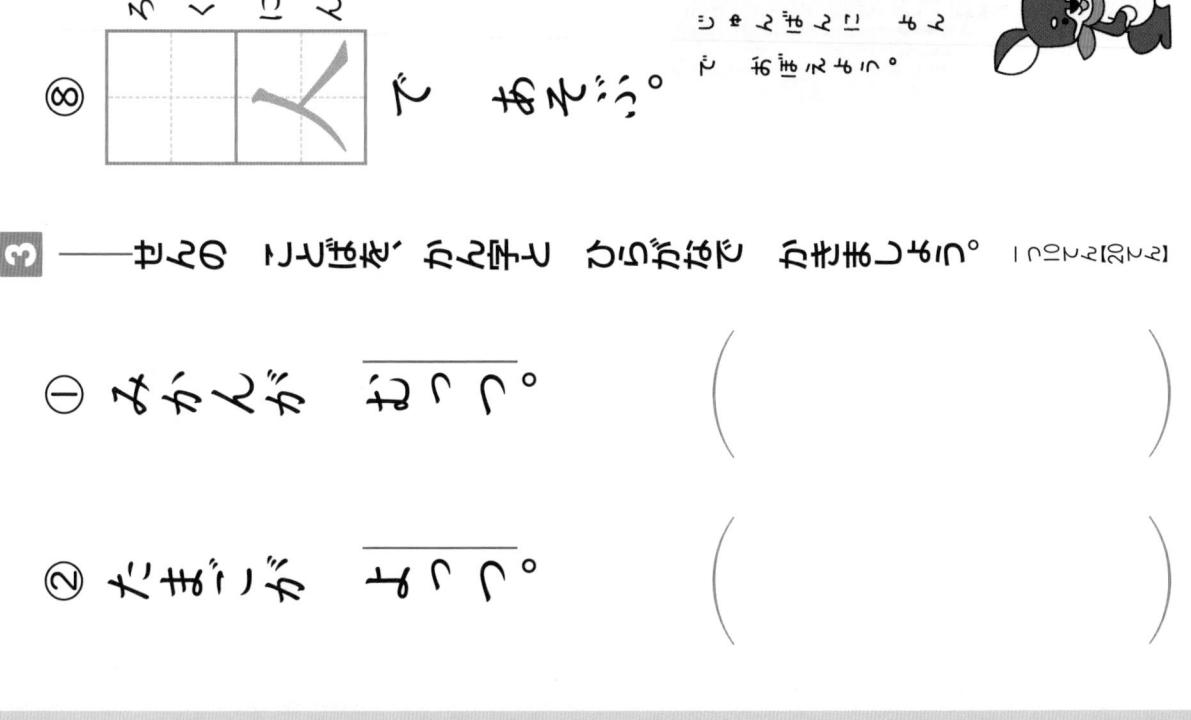

３ ──せんの ことばを、かん字と ひらがなで かきましょう。 〔１つ5てん【20てん】〕

① みかんが むっつ。　　（　　　　　　）

② だまりが よっつ。　　（　　　　　　）

クイズ 「日」を 「か」と よむのは どれかな。
①百月 ②四日 ③日ひ

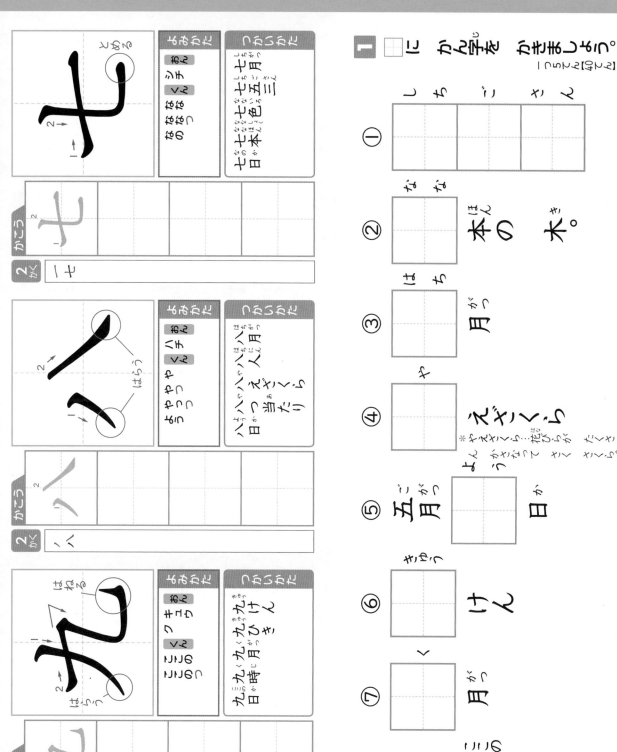

1 □に かん字を かきましょう。
1つ5てん【40てん】

① しち　ご　さん

② なの　き　本の　木。

③ はち　月が　月っ

④ や　えざくら
＊やえざくら…花びらが たくさん かさなって さく さくら。

⑤ 五月が　日か

⑥ きゅう　けん

⑦ く　月が

⑧ 三月が　ここの　日か

9

2 □に あてはまる かん字を かきましょう。 1つ5てん[40てん]

① く がつ
□ 月 に なる。

② なな
□ 色の クレヨン。

③ や
□ 気だけする
＊やる気だけ…はりきって 立って がんばる こと。

④ な の か
□ □ 日 だ。

⑤ は ち に ん
□ 人 の 子。

⑥ きゅうしゅう
□ ひきの 犬。

⑦ し ち がつ
□ 月 の おわり。

⑧ く
□ 時に ねる。

かきじゅんに 気を つけて かこうね。

3 ——せんの ことばを、かん字と ひらがなで かきましょう。 1つ5てん[20てん]

① くつが □□□。 （　　　　　　）

② みかんが □□□。 （　　　　　　）

クイズ 「七」を 「なな」と よむのは どれかな。
①七つ ②七日 ③七五三

こたえ➡83ページ

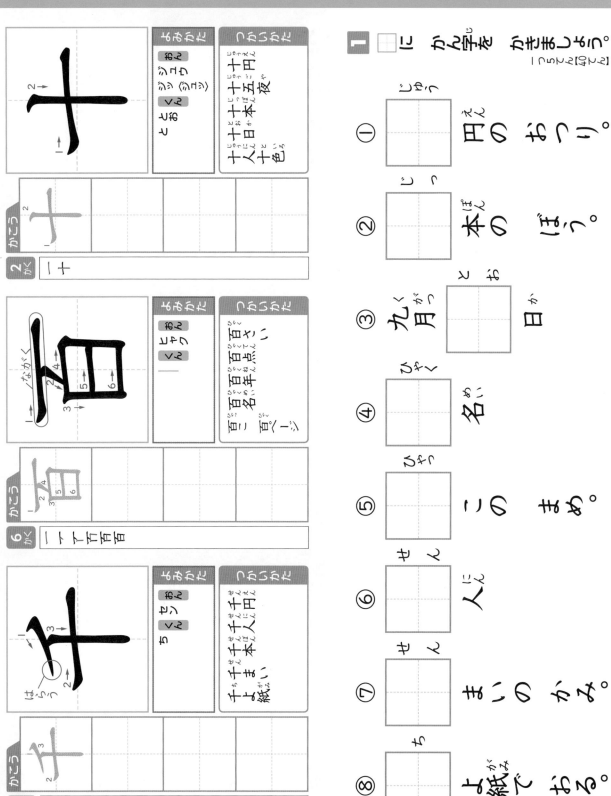

１ □に かん字を かきましょう。
1つ5てん【40てん】

① じゅう　円の　おつり。

② じっ　本の　ほう。

③ 九月　とお　日か

④ ひゃく　名い

⑤ ひゃく　この　まめ。

⑥ せん　人に

⑦ せん　まいの　かみ。

⑧ ち　よ紙で　おる。

2 □に あてはまる かん字を かきましょう。 [1つ5てん/60てん]

① せん えん 〔田〕 の 本(ほん)。

② じゅう にん と 〔人〕 色(いろ)。
*じゅうにん色…人それぞれ ちがう いろ。

③ ひく 点(てん)まんてん

④ ひく ボール の そほ。

⑤ じゅう えん 〔円〕

⑥ せん ほん 〔本〕 の 木(き)。

⑦ じゅう ご 夜(や)の 月(つき)。

⑧ と お か 〔日〕 が たつ。

⑨ ひく ねん 〔年〕 が たつ。

⑩ せん まいの かみ。

⑪ ち 上紙(がみ)で つるを おる。

⑫ ひく ボールを ひろう。

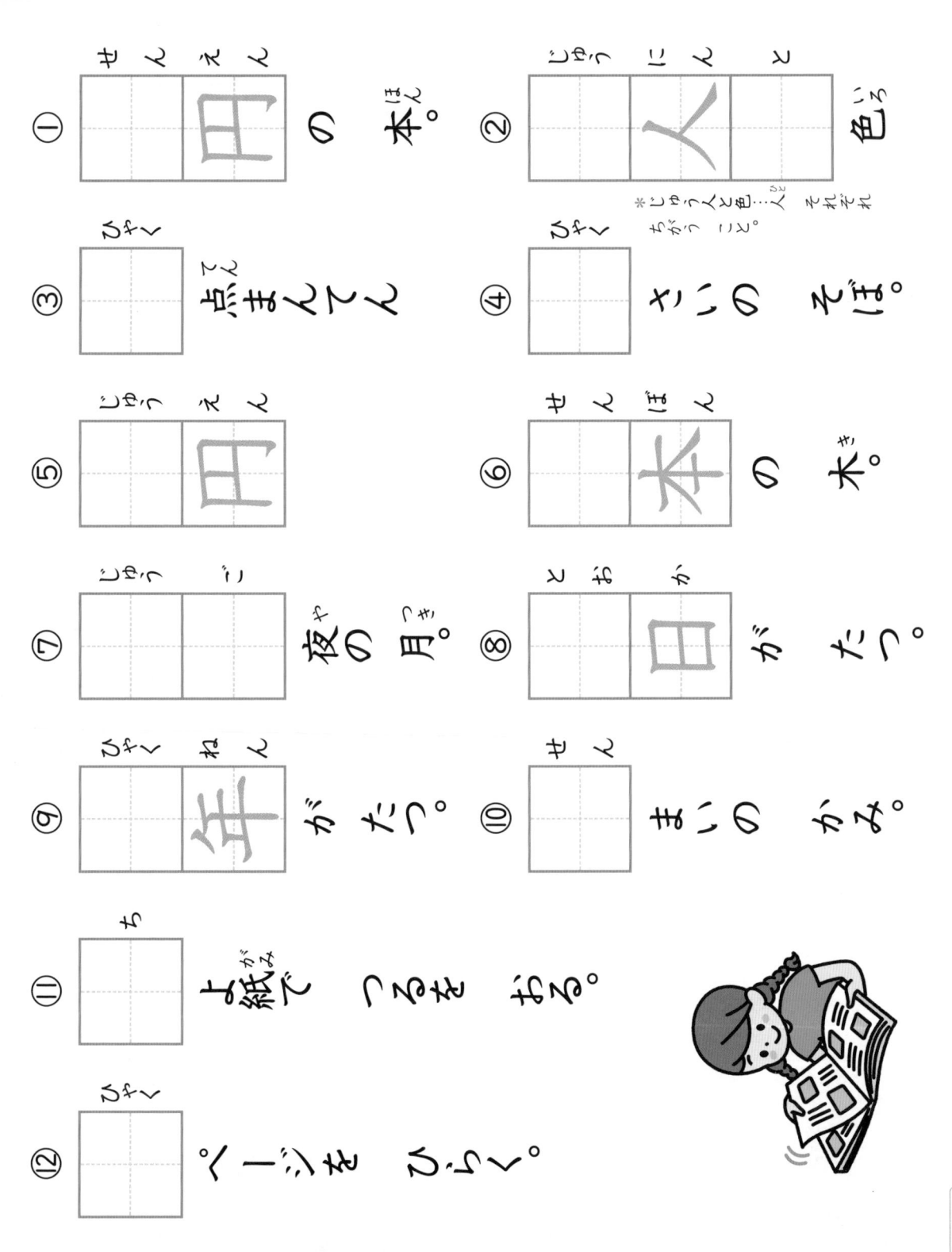

クイズ 「十」を 「とお」と よむのは どれかな。
①十円 ②十本 ③十日

5 かくにんテスト①

1 □に あてはまる かん字を かきましょう。 1つ3てん[30てん]

① [ひゃく]　点を もらう。
② [いち]番に なる。

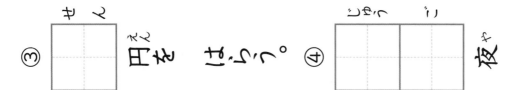

③ [せん]円を はらう。
④ [じゅう][じ]の 夜や。

⑤ [なな]色の にじ。
⑥ [し][ち]月に なる。

⑦ [おお][い]　日か前まえ
⑧ あさの [ろ][く]時じ。

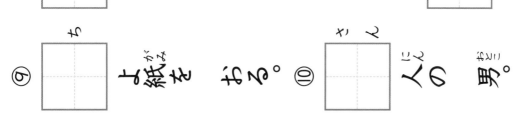

⑨ [ち]上　紙がみを おる。
⑩ [さ][ん]人の 男おとこ。

2 ——せんの ことばを かん字と ひらがなで かきましょう。 1つ5てん[○てん]

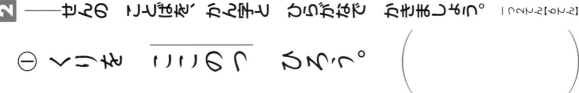

① くりを 三この ひろう。

（　　　　　）

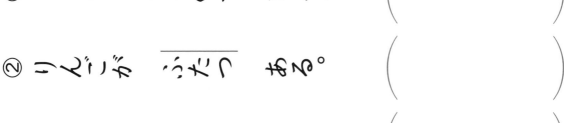

② こんぶが ふたつ ある。

（　　　　　）

③ こたえは ここだ。

（　　　　　）

五

⑤ 一（ ） ← 一（①）

⑥ 六（ ） ← 二（②）

⑦ 七（ ） ← 三（③）

⑧ 八（ ） ← 四（④）

---

4 ――せんの　かん字の　よみがなを　かきましょう。 〔1つ5てん〕

③
一月十日（ 　 ）
十本の　木。（ 　 ）
十円を　はらう。（ 　 ）

④
六月九日（ 　 ）
九けんの　九（ 　 ）
九時。（ 　 ）

①
二月八日に（ 　 ）
八つ当たられる（ 　 ）
人の　まつり。（ 　 ）

②
四月に（ 　 ）
いちがつに（ 　 ）
四日おきに（ 　 ）
四月に　なる。（ 　 ）

---

3 ――せんの　かん字の　よみがなを　かきましょう。 〔1つ4てん〕

14

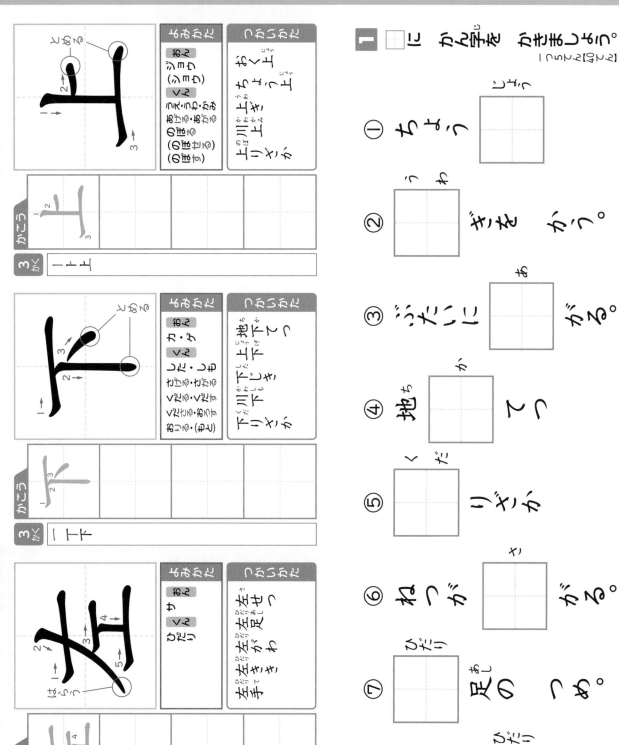

1 □に かん字を かきましょう。
1つ5てん〔40てん〕

① ちょう〔じょう〕

② 〔うわ〕ぎを かう。

③ ぶたにく 〔あ〕がる。

④ 地ち〔か〕て

⑤ 〔くだ〕りざか

⑥ ねつが 〔さ〕がる。

⑦ 〔ひだり〕足の つめ。

⑧ みちの 〔ひだり〕がわ。

15

2 □に あてはまる かん字を かきましょう。　1つ2てん[40てん]

① した
□じきを かつ。

② かわかみ
□□の 村。

③ ひだりて
□手で とる。

④ のほ
□ □りょか

⑤ じどうけ
□□に ぶる。

⑥ くさ
□を せつる

⑦ かわしも
□□の 町。

⑧ くだ
ミかを □る。

「草」は、「くさ」と よむときと「そう」と よむときが あるよ。

3 ——せんの ことばを、かん字と ひらがなで かきましょう。　1つ5てん[8てん]

① かいだんを おりる。　（　　　　　　　）

② さかを のぼる。　（　　　　　　　）

クイズ 「土」の 正しい かきじゅんは どちらかな。
① 一十土　② 十一土

こたえ ➡ 83ページ

7 右・人・出

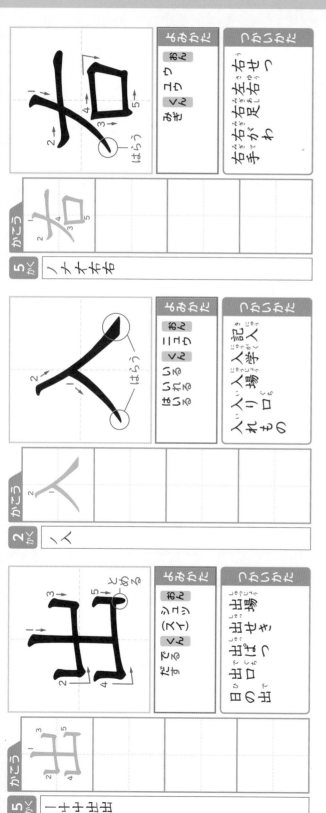

かこう	右			

5かく ノ ナ 右 右 右

よみかた
おん コウ
くん みぎ

つかいかた
右う
右て
右みぎ足あし
左ひだり右みぎ
右みぎがわ

よみかた
おん ニュウ
くん いる
いれる
はいる

つかいかた
記き入にゅう
入にゅう学がく
入にゅう場じょう
入いれもの
入いり口ぐち

かこう	人			

2かく ノ 人

よみかた
おん シュツ (スイ)
くん だす
でる

つかいかた
日ひの出で
出しゅっ口ぐち
出しゅっせき
出で口ぐち
出しゅつ場じょう

かこう	出			

5かく 一 十 屮 出 出

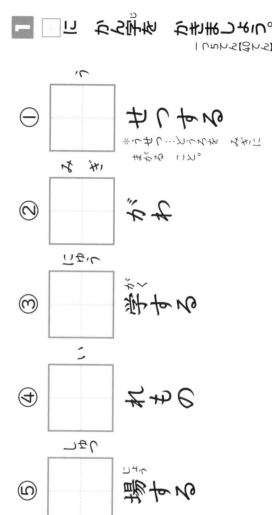

1 □に かん字を かきましょう。
1つ5てん〔40てん〕

① □う せいする
*うせい…じゆうを みぎに まがる こと。

② みぎ □がわ

③ にゅう □学がくする

④ い □れもの

⑤ にゅう □場じょうする

⑥ しゅっ □せきする

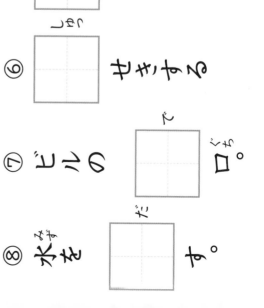

⑦ ビルの で□口ぐち。

⑧ 水みずを だ□す。

17

2 □に あてはまる かん字を かきましょう。 〔1つ5てん/40てん〕

① じめの ［□（ぐち）］り口。

② ［□（しま）］ばしる。

③ ［□（みぎ）□（て）］手の ゆび。

④ 記（き）［□（にゅう）］する。
＊記入…字を かきしるす こと。

⑤ ［□（さ）□（ゆう）］を 見（み）る。
＊さゆう…ひだりと みぎ。

⑥ 日（ひ）の ［□（で）］。

⑦ ［□（みぎ）□（あし）］足で ける。

「四日」は、「よつか」では なくて 「よっか」と よむよ。

⑧ コーナーに ［□（にゅう）］場（じょう）する。

3 ——せんの ことばを、かん字と ひらがなで かきましょう。 〔1つ5てん/20てん〕

① さかさに はじる。 （　　　　　　　　）

② くみに でる。 （　　　　　　　　）

こたえ ○83ページ

クイズ 「右」の 正（ただ）しい かきじゅんは どちらかな。
①ノナ右右 ②ーナ右右

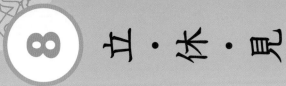

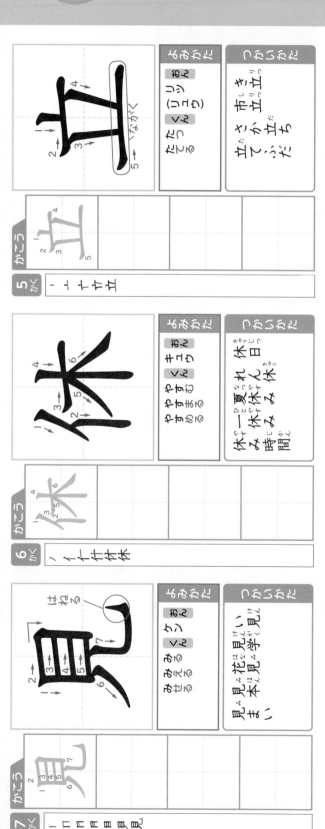

	よみかた	つかいかた
立	**おん** リツ（リュウ） **くん** たつ たてる	立って ぶ 立つ 市が 立つ 立た だ
5かく	一 十 亡 立	

	よみかた	つかいかた
休	**おん** キュウ **くん** やすむ やすめる やすまる	休け 夏休み 休み 休日 休み 時間 休み 間
6かく	ノ イ 什 休 休	

	よみかた	つかいかた
見	**おん** ケン **くん** みる みえる みせる	見せ 見る 見が まい 花見 本見 学見 見本
7かく	一 冂 冂 冃 目 目 見	

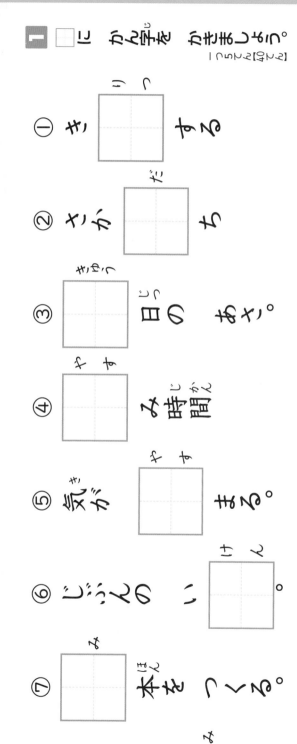

1 □に かん字を かきましょう。

1つ5てん【40てん】

① き□□ する

② さか□ち

③ きゅう□日の あさ。

④ □み時間か

⑤ 気が □すまる。

⑥ じぶんの い□。

⑦ □本を つくる。

⑧ ノートを □る。

21

2 □に　あてはまる　かん字を　かきましょう。

一つ5てん【40てん】

① 五月（ごがつ）の　れん□（きゅう）。

② ぼくの　い□（けん）。

③ □（み）まいに　いく。

④ □（た）てふだ

⑤ 花（は な）□（み）を　する。

⑥ 校長室（こうちょうしつ）の　□（けん）学（がく）。

⑦ 市（し）□（りつ）の　学校（がっこう）。

＊市りつ…市の　お金（かね）で　つくって　けいえいして　いる　こと。

⑧ 夏（なつ）□（やす）みに　なる。

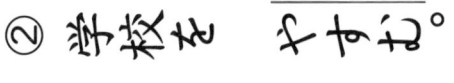

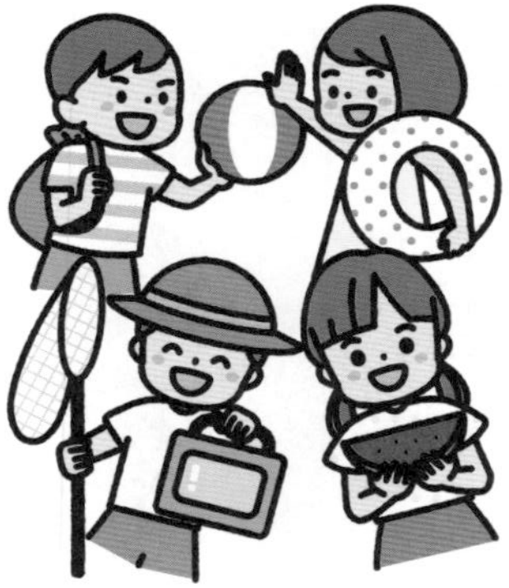

3 ――せんの　ことばを、かん字と　ひらがなで　かきましょう。

一つ10てん【20てん】

① ろうそくを　たてる。（　　　）

② 学校を　やすむ。（　　　）

クイズ

「見」を　「けん」と　よむのは　どれかな？

① 見本　② 見学　③ 花見

こたえ ▶ 84ページ

⑨ かくにんテスト②

なまえ

もくひょう 15ふん

月　日

とくてん　てん

1 □に あてはまる かん字を かきましょう。 1つ4てん【40てん】

① [し た]□ じきを つかう。

② みちの [み ぎ]□ がわ。

③ き[い ち]□ を する。

④ せん手の [にゅう じょう]□ 場。

⑤ [う わ]□ ぎを ぬぐ。

⑥ みちを [よ]□ せる。

⑦ い[け ん]□ を いう。

⑧ [い]□ ロの ドア。

⑨ [ひ と や す]□□ みする。

⑩ 日の [で]□ を みる。

2 ──せんの ことばを、かん字と ひらがなで かきましょう。 1つ5てん【25てん】

① しおを いれる。　　（　　　　　　）

② あたまを さげる。　（　　　　　　）

③ 手じなを みせる。　（　　　　　　）

21

3 ——せんの かん字の よみがなを かきましょう。　1つ5てん[20てん]

（　　　　　）
① 大が 立ちする

（　　　　　）
② 出せきを とる。

（　　　　　）
③ お見まいに いく。

（　　　　　）
④ 小学校(しょうがっこう)に 入学(にゅうがく)する。

4 ——せんの かん字の よみがなを かきましょう。　1つ4てん[24てん]

①
（　　　　）
ひろい おか上。
（　　　　）
川上(かわ)の 町(まち)。
（　　　　）
川を 上る。

②
（　　　　）
上下(じょうげ)する
（　　　　）
地下(ち)しつに のる。
（　　　　）
川を 下る。

5 □に あてはまる かん字を かきましょう。　1つ5てん[20てん]

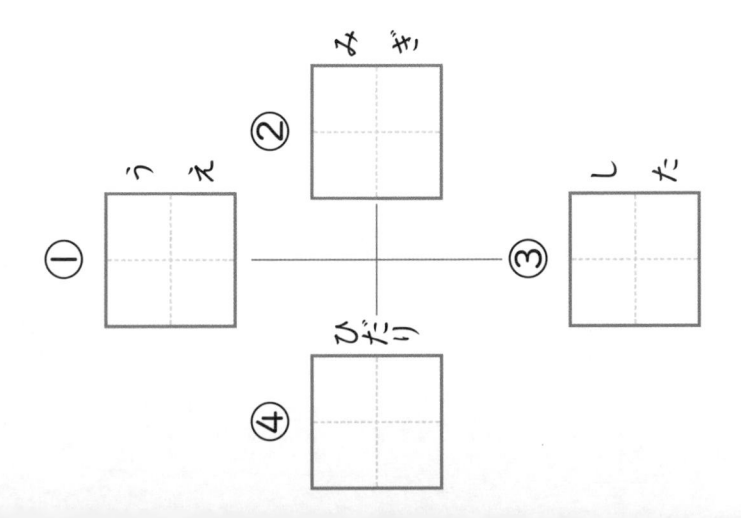

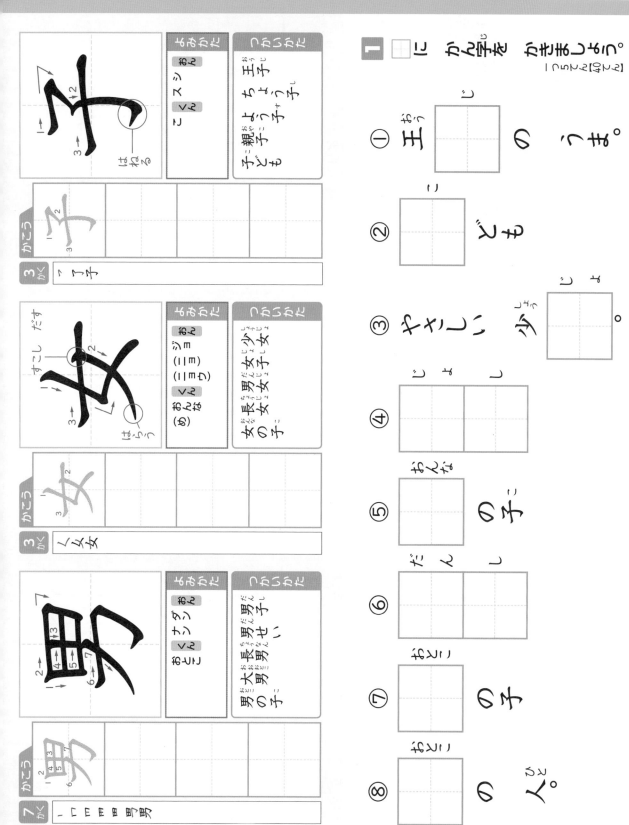

子

よみかた
おん　コ・ス・シ
くん　こ

つかいかた
王子（おうじ）
親子（おやこ）
子ども（こども）
ちょうし
ようす

かこう
3かく　了　子

女

よみかた
おん　ジョ（ニョ）・ニョウ
くん　おんな・（め）

つかいかた
女子（じょし）
少女（しょうじょ）
男女（だんじょ）
長女（ちょうじょ）
女の子（おんなのこ）

かこう
3かく　女

男

よみかた
おん　ダン・ナン
くん　おとこ

つかいかた
男子（だんし）
長男（ちょうなん）
大男（おおおとこ）
男女（だんじょ）
男の子（おとこのこ）

かこう
7かく　一　口　日　田　甲　男

1　□に かん字を かきましょう。
一つ5てん【40てん】

① 王（おう）□ の うま。

② □ ども

③ 少し（すこし）□（しょうじょ）。

④ □□□（じょしせい）

⑤ □（おんな）の 子（こ）

⑥ □□□（だんしせい）

⑦ □（おとこ）の 子

⑧ □（おとこ）の 人（ひと）。

2 □に あてはまる かん字を かきましょう。 1つ5てん[60てん]

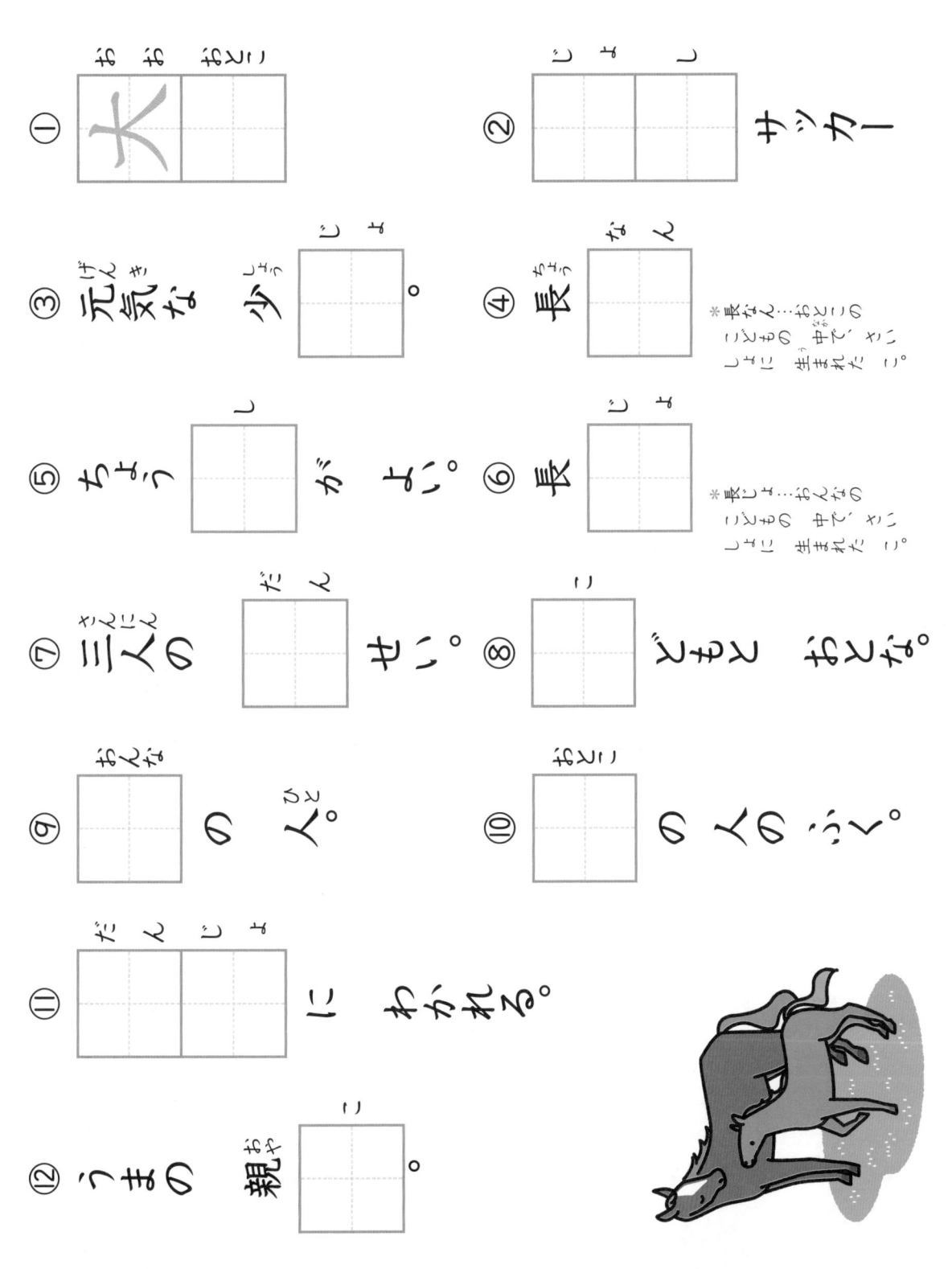

① おお〔大〕きい

② じょし 〔女子〕 サッカー

③ 元気な 少〔女〕。

④ 長〔男〕
※長なん…おとこの こどもの 中で いちばんに 生まれた こ。

⑤ ちょう〔子〕が よい。

⑥ 長〔女〕
※長じょ…おんなの こどもの 中で いちばんに 生まれた こ。

⑦ 三人の 〔男子〕せい。

⑧ 〔子〕ども おとな。

⑨ 〔大人〕の 人。

⑩ 〔男〕の 人の こ。

⑪ 〔男女〕に わかれる。

⑫ うまの 親〔子〕。

クイズ 「女」の 正しい かきじゅんは どちらかな？
①一ナ女　②ノ女女

こたえ▶84ページ

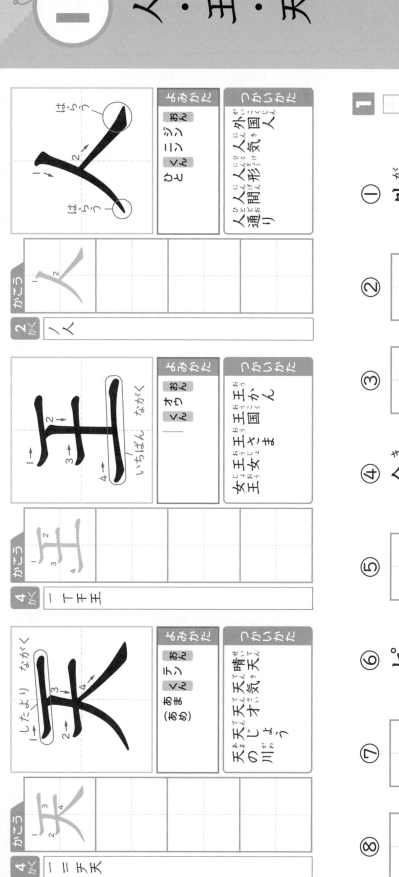

二 人・王・天

人
よみかた
ニン・ジン
ひと

つかいかた
外国人
人気
人形
人間
人通り
人と人
三人

かこう
かく 2
ノ人

王
よみかた
オウ

つかいかた
王国
王さま
女王
王女

かこう
かく 4
一 二 千 王

天
よみかた
テン
あま(あめ)

つかいかた
天気
晴天
天女
天の川

かこう
かく 4
一 二 チ 天

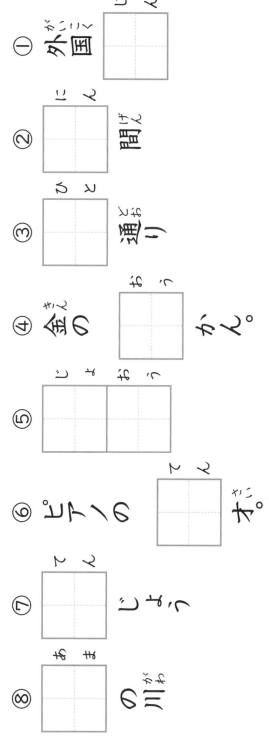

1 □に かん字を かきましょう。

1つ5てん【40てん】

① 外国 [じん]

② [に] [ん]間 げん

③ [ひ] [と]通り

④ 金の [お] [う]かん。

⑤ [じ] [よ] [お] [う]

⑥ ピアノの [て] [ん]さい。

⑦ [て] [ん]じょう

⑧ [あ] [ま]の川

2 □に あてはまる かん字を かきましょう。 〔1もん5てん/60てん〕

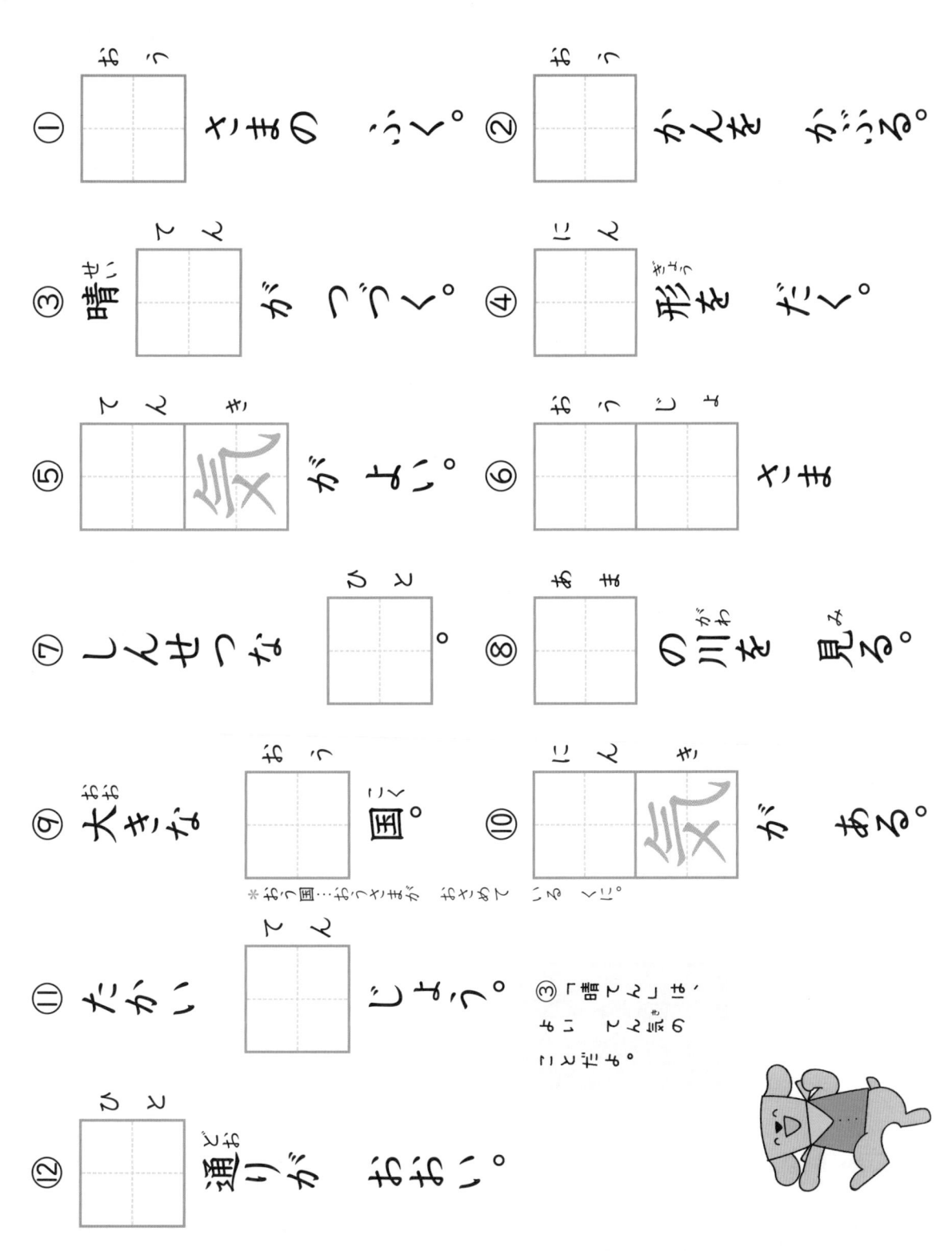

① お う □□ やまの ふく。

② お う □□ かんを かぶる。

③ 晴せい □□ が つづく。

④ に ん □□ 形を だく。

⑤ て ん □気 が よい。

⑥ お う じ ょ □□ さま

⑦ しんせつな □□ ひ と 。

⑧ あ ま □□ の川を 見る。

⑨ 大きな □□ お う 国。

 ＊おう国…おうさまが おさめて いる くに。

⑩ に ん き □気 が ある。

⑪ だいこ □□ て ん じょう。

 ③「晴てん」は、よいてん気の ことだよ。

⑫ ひ と □□ 通りが おおい。

こたえ ➡ 84ページ

クイズ 「天」を 「あま」と よむのは どれかな？
①天気 ②天の川 ③天じょう

12 口・目・耳

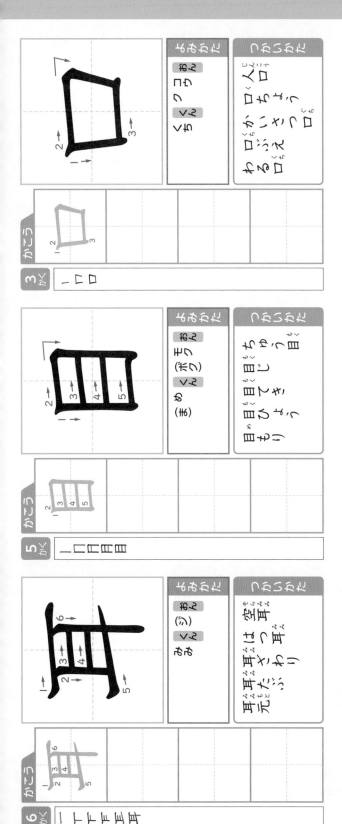

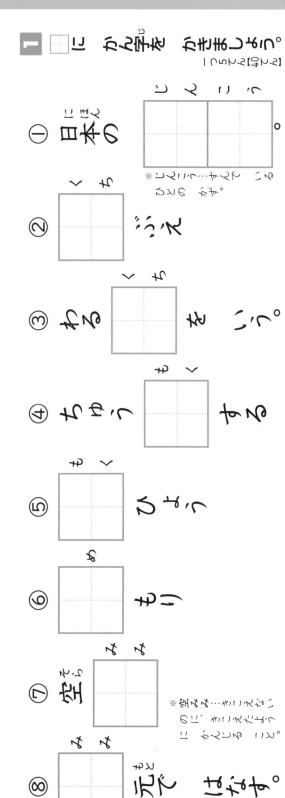

27

2 □に　あてはまる　かん字を　かきましょう。　〔1つ5てん/60てん〕

① ［もく］　てがみを　もつ。

② ちから　［　　］　ちかう。
＊くちょう…ものの　こえかた。

③ ［め］　もりを　よむ。

④ はつ　［みみ］の　はなし。
＊はつみみ…はじめて　きくこと。

⑤ ［くち］　こえを　きく。

⑥ ［もく］　じを　見(み)る。

⑦ ［みみ］　かわりな　音(おと)。
＊みみがわり…きいた　ことが　ない　かんじが　する　ようす。

⑧ ［みみ］　だうが　うすこ。

⑨ ［め］が　さめる。

⑩ かこう　［くち］を　出(で)る。

⑪ かはの　［みみ］。

⑫ 大(おお)きな　［くち］。

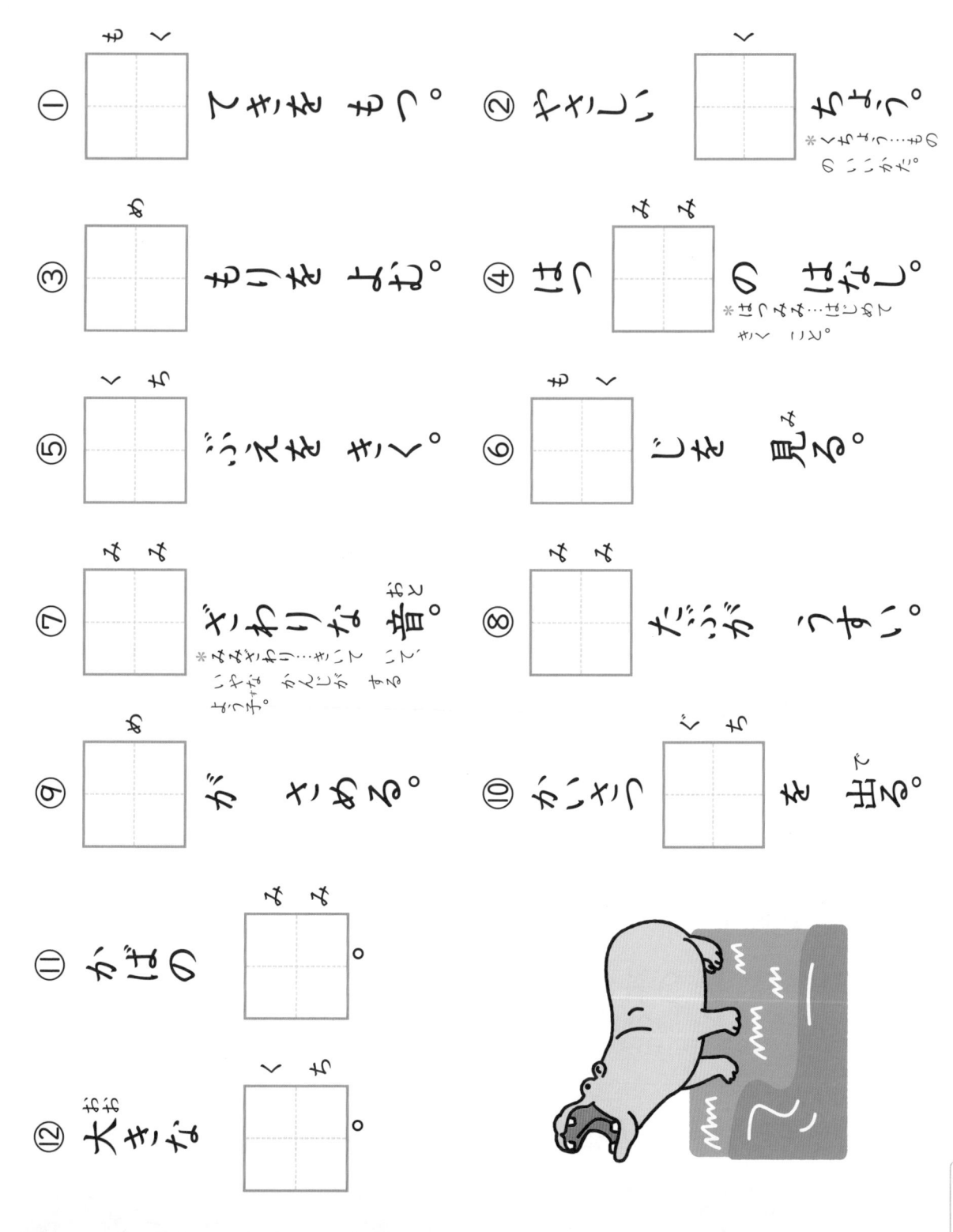

クイズ　「人口」の　「口」は、なんと　よむかな？
① くち　② く　③ こう

こたえ➡84ページ

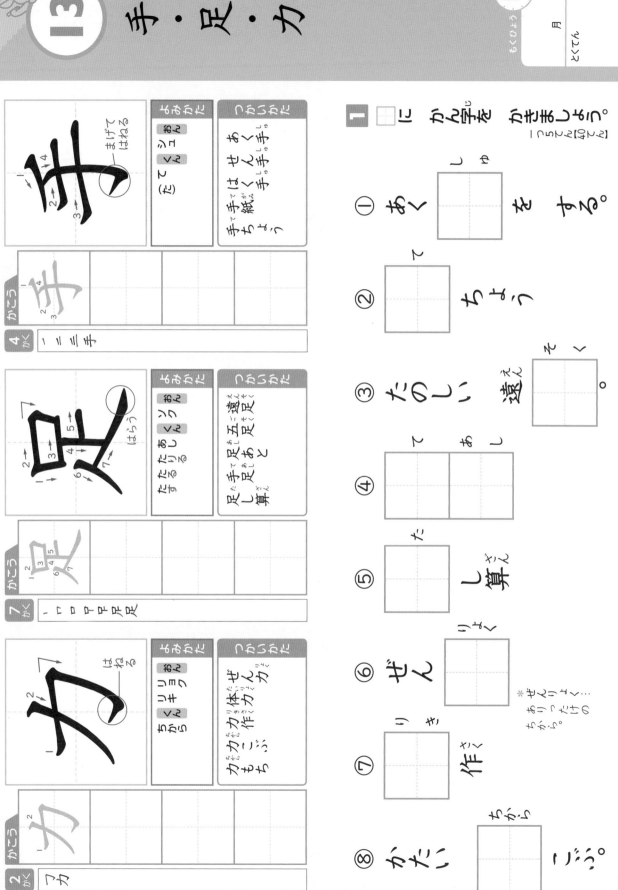

手

まげて
はねる

よみかた
テ
シュ
た

つかいかた
て
手紙
せんしゅ
あくしゅ
手をあげる

かこう 手

4かく 一二三手

足

はらう

よみかた
ソク
あし
たす
たる
たりる

つかいかた
あし
足を手
五足
遠足
足し算

かこう 足

7かく 一ロロアア足足

力

はねる

よみかた
リョク
リキ
ちから

つかいかた
力もち
体力
作力
力ぶ

かこう 力

2かく 力

1 □に かん字を かきましょう。
一つ5てん【40てん】

① あく　□□　を　する。
（しゅ）

② □□　ちょう。
（て）

③ たのしい　遠え　□□。
（そく）

④ □□。
（て・あし）

⑤ □□　し算さん。
（た）

⑥ ぜん　□□。
（りょく）
※ぜんりょく…
ありったけの
ちから。

⑦ □□　作さく。
（りき）

⑧ かたい　□□　こぶ。
（ちから）

29

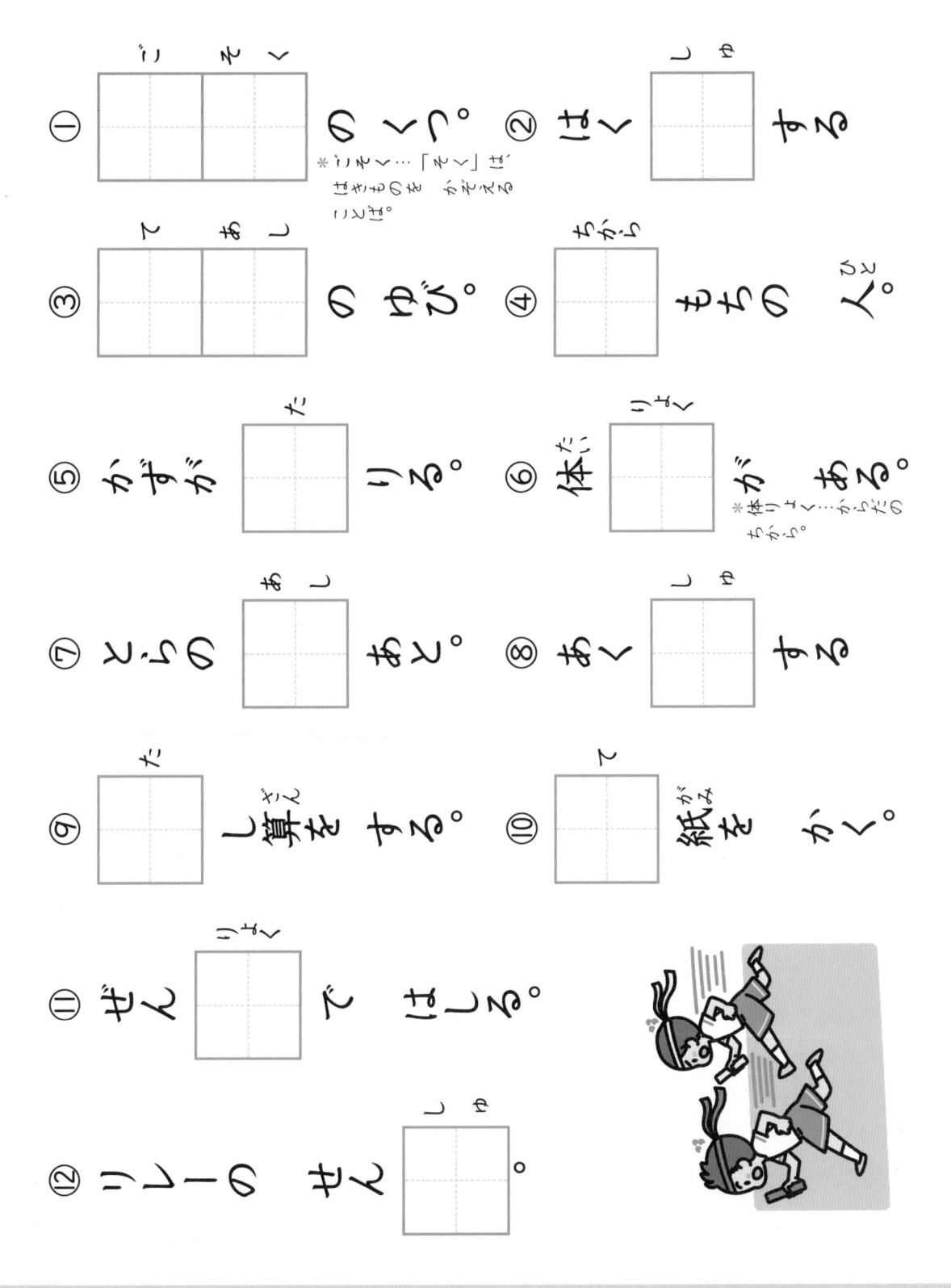

2 □に あてはまる かん字を かきましょう。

① [こ][す] の くふう。
*こすう…「すう」は かずものを かぞえる ことば。

② は□[しゅ] する。

③ [と][あし] の ゆび。

④ [ちから]もちの ひと。

⑤ かずが □[た]りる。

⑥ 体[たい]□[りょく]が ある。
*体りょく…からだの ちから。

⑦ そらの □[あし]あと。

⑧ あ□[し]する。

⑨ □[た]し算[ざん]を する。

⑩ 紙[かみ]を かく。

⑪ せん□[りょく]で はしる。

⑫ こしの せん□[しゅ]。

クイズ 「足」は なんかくで かくかな？
①6かく ②7かく ③8かく

こたえ→84ページ

14 かくにんテスト③

なまえ

1 □に あてはまる かん字を かきましょう。　1つ3てん【24てん】

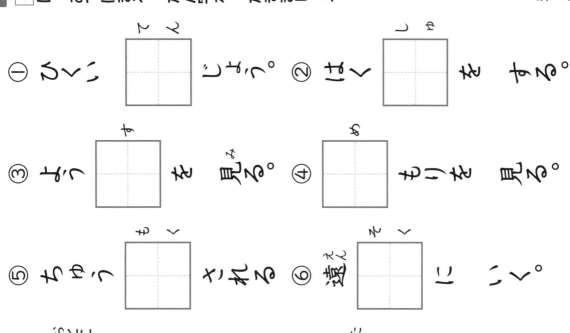

① ひくい [　] じょう。（て ん）

② はく [　] を する。（し ゅ）

③ よう [　] を 見る。（す）

④ [　] もりを 見る。（め）

⑤ ちゅう [　] される。（も く）

⑥ 遠(えん) [　] に つく。（て ん）

⑦ [　] の子が いる。（お と こ）

⑧ [　] し算の こたえ。（た）

2 □に からだの かん字を かきましょう。　1つ4てん【20てん】

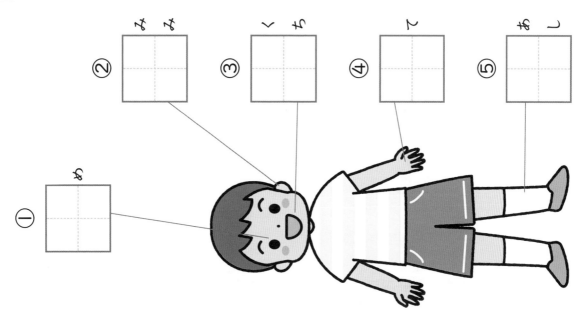

① [　]（め）

② [　]（み み）

③ [　]（く ち）

④ [　]（て）

⑤ [　]（あ し）

3 □に　おなじ　よみかたで、いみの　ちがう　かん字(じ)を　かきましょう。
一つ4てん【16てん】

①
- よい　ちょう□(し)。
- □(し)月十五日(がつじゅうごにち)

②
- つよい□(く)ちょう。
- あさの□(く)時(じ)。

4 ――せんの　かん字の　よみがなを　かきましょう。
一つ4てん【40てん】

①
- 体力(たい)を　つける。（　）
- 力が　つよい。（　）
- 力　作(さく)ぞろいだ。（　）

②
- 外国(がいこく)人と　はなす。（　）
- やさしい　人。（　）
- 人気(き)が　出(で)る。（　）

③
- ぼくは　長男(ちょう)だ。（　）
- わかい　男せい。（　）

④
- 三人(さん)の　少女(しょう)。（　）
- 女の　人が　いる。（　）

こたえ ▶ 84ページ

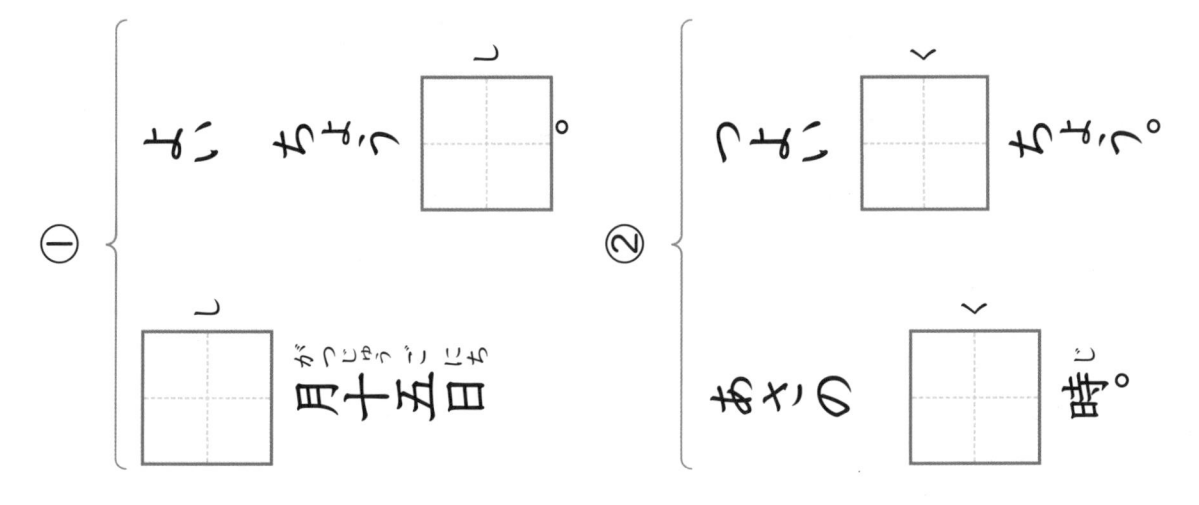

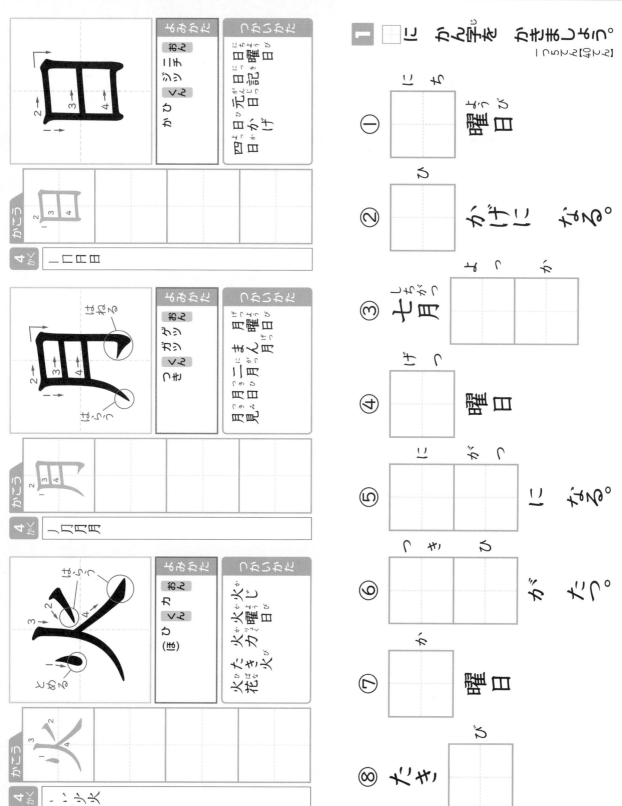

2 □に あてはまる かん字を かきましょう。 〔一つ5てん[60てん]〕

① まん□□を みる。 （け し）

② □□が つよい。 （か りょく） ＊かりょく…ひの ちから。

③ □じを うつせ。 （か）

④ 元(げん)□□の あき。 （し こ）

⑤ □□が つよい。 （に が し）

⑥ □を けす。 （ひ）

⑦ □花(はな)が ちる。 （ひ ばな）

⑧ 曜(よう)□の ひる。 （け つ）

⑨ □記(き)を かく。 （に つ）

⑩ □が のぼる。 （ひ）

⑪ □かけて 休(やす)む。 （ひ）

⑫ □□を する。 （し き め）

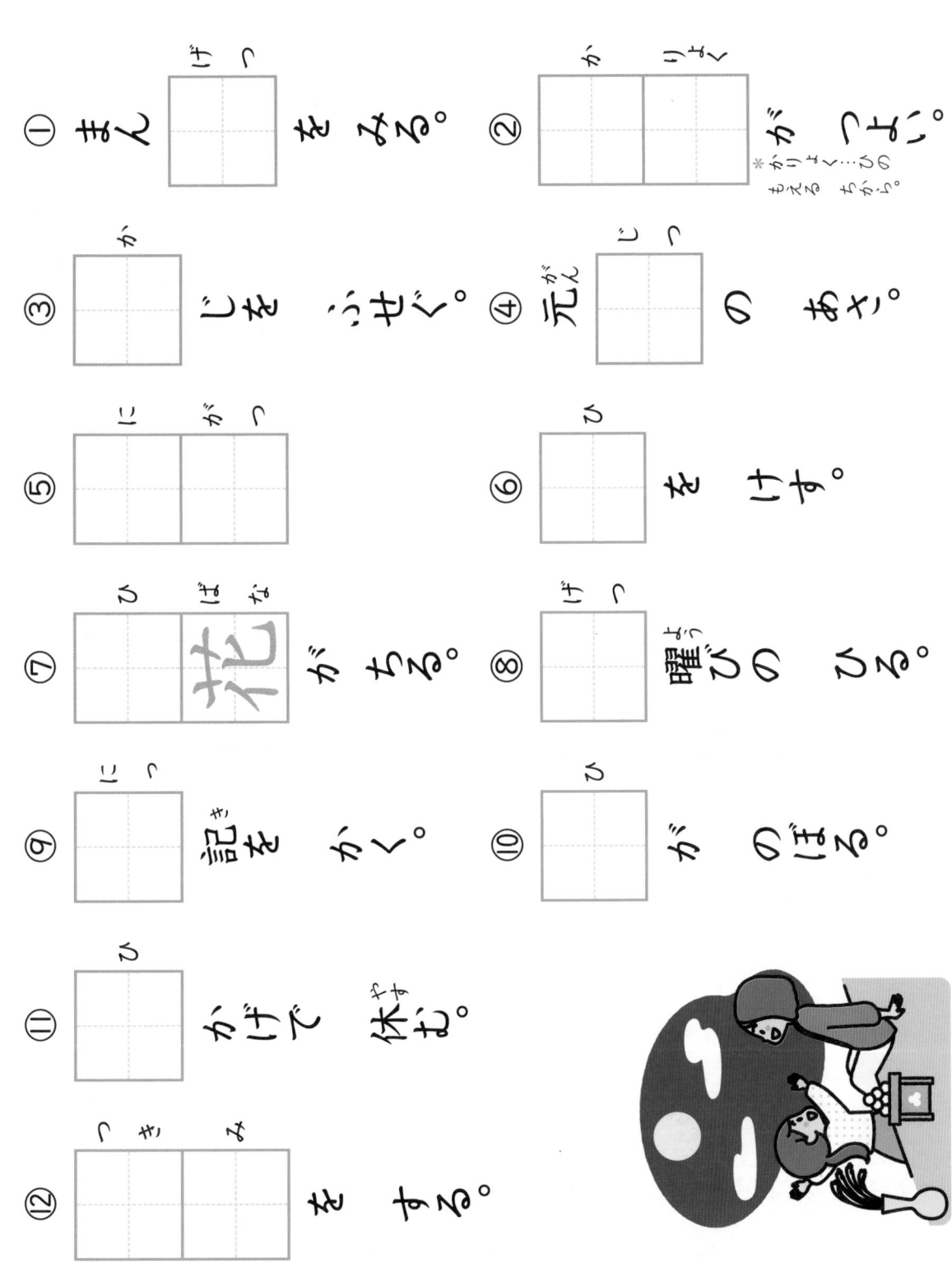

クイズ
「火」の 正(ただ)しい かきじゅんは どれかな?

① ＼ソ火火 ② ＼ソ火火 ③ ＼ソ火火

水・木・金

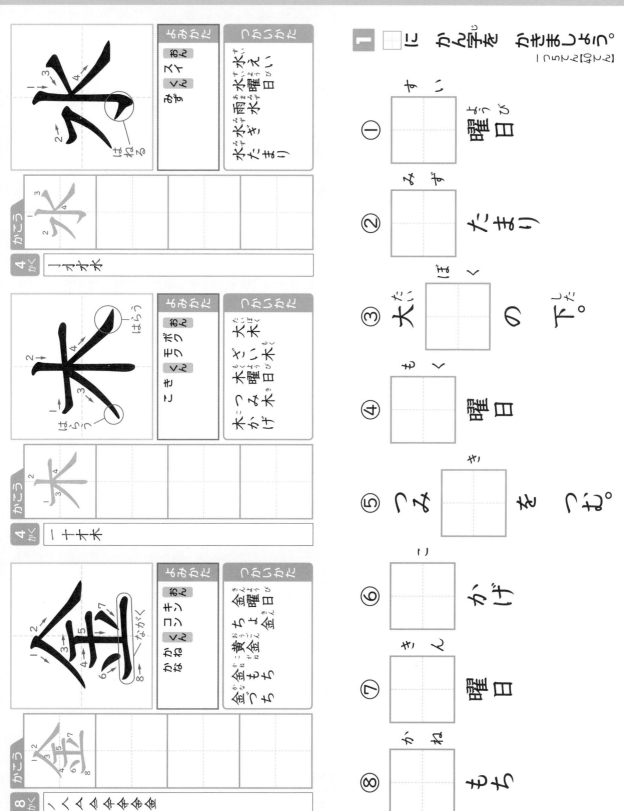

よみかた
おん スイ
くん みず

つかいかた
水すいえい
水すい曜よう日び
両りょう水み
水みを
たまり

4かく
一 刀 才 水

よみかた
おん モク ボク
くん き こ

つかいかた
木もくようび
木もくざい
大たい木ぼく
木き曜よう日び
木こかげ

4かく
一 十 才 木

よみかた
おん キン コン
くん かね かな

つかいかた
金きん曜よう日び
金きんぞく
黄おう金ごん
金かなもち
金かねもち

8かく
ノ 人 人 合 全 余 余 金 金

---

1 □に かん字を かきましょう。
1つ5てん【40てん】

① [すい] 曜よう日び

② [みず] だまり

③ 大たい [ぼく] の 下した。

④ [もく] 曜よう日び

⑤ [みき] を つむ。

⑥ [こ] かげ

⑦ [きん] 曜よう日び

⑧ [かね] もち

2 □に あてはまる かん字を かきましょう。 〔1つ2てん/8てん〕

① ふねに のって [もく]□。

② [みず]□を のむ。

③ [きん]□曜日の あさ。

④ [かな]□で かく ただしく。

⑤ [あま]□[みず]□ 〔雨〕

⑥ つみ木で [き]□で あそぶ。

⑦ ちよ[きん]□を する。

⑧ すずしい [り]□かげ。

⑨ [みず]□ぎを きる。

⑩ 黄[きん]□の 石。

⑪ お[かね]□を はらう。

⑫ [すい]□えいを する。

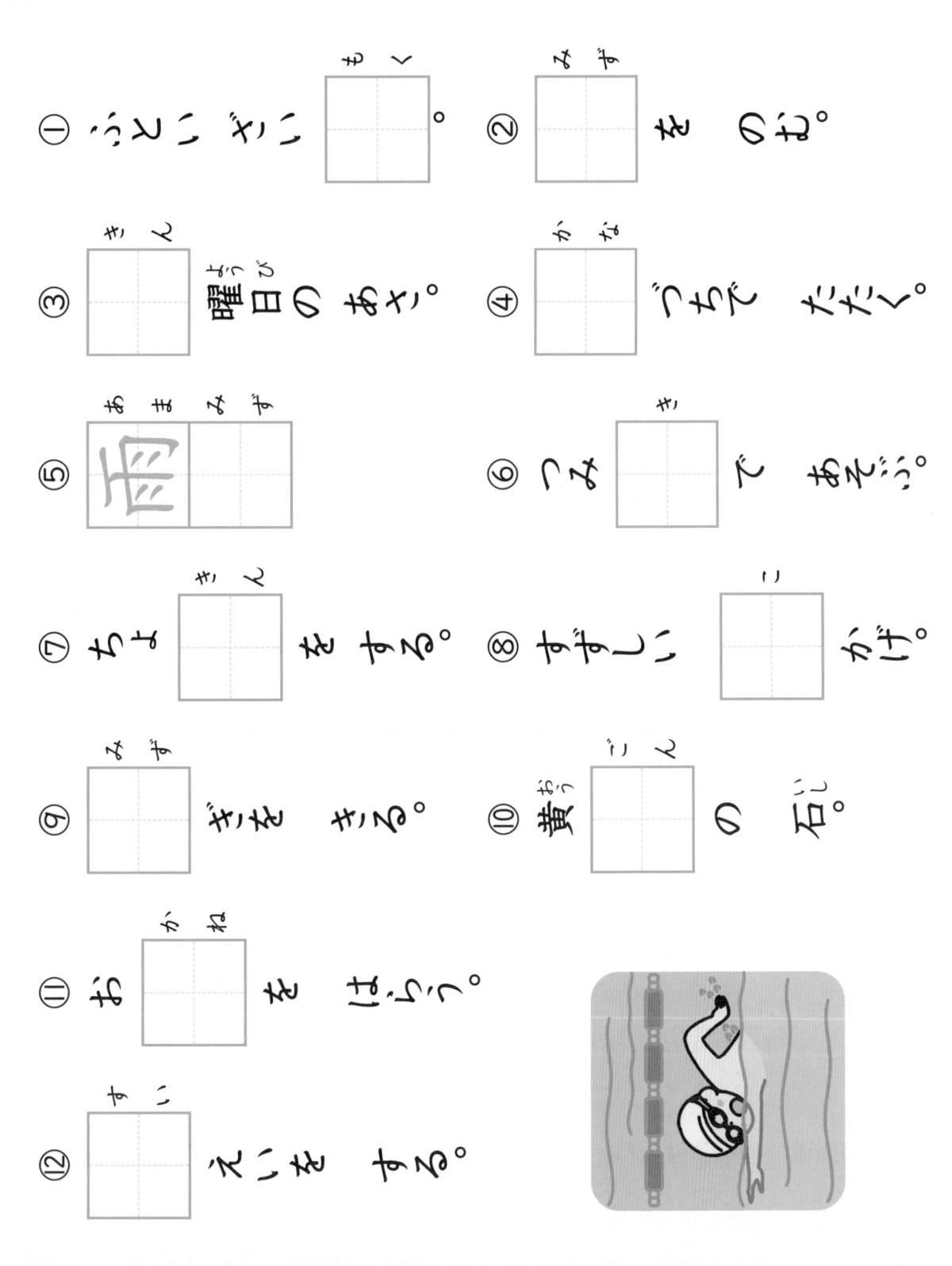

クイズ 「水」は なんかくで かくかな?
①3かく ②4かく ③5かく

土　なが〈

よみかた	つかいかた
おん ド・ト くん つち	土と土をつける　土ようび 土地　土曜日　土けむり 土足

かこう　土

3かく　一 十 土

町　はねる

よみかた	つかいかた
おん チョウ くん まち	町と町　町長　町内会 町なみ　町会 町はずれ　町外れ

かこう　町

7かく　一 ㄇ 冂 町 田 田 町

村　はねる

よみかた	つかいかた
おん ソン くん むら	村と村　村里　山村　村人 村長　村まつり

かこう　村

7かく　一 十 才 木 村 村 村

---

1 □に かん字を かきましょう。

一つ5てん【40てん】

① □足　ど
※どそく…はきものを はいたままの あし。

② □曜日　ど

③ せまい □地。　つ

④ □けむり　つち

⑤ □長に なる。　ちょう

⑥ となり □　まち

⑦ □長に あう。　そん

⑧ □□　むら び と

2 □に あてはまる かん字を かきましょう。 〔1もん5てん/8もん〕

① [まち]□ 外れの いえ。

② [じ][てん]□□ と 入る。

③ [ちい]さな □[さん][そん]□。
※そん…村の 中に ある

④ [ちょう]□ 内会に 入る。

⑤ 松[じ]□ を 二わ。

⑥ となり の [まち]□ へ。

⑦ [むら]□ 里に すむ。

⑧ ひろい [と]□ 地。

⑨ とおい [まち]□ なみ。
※まちなみ…まちに たくさん いえが ならんで いる ようす。

⑩ [ちい]さな [むら]□。

⑪ [し][ち]□ を 見る。

⑫ [むら]□ まつりへ いく。

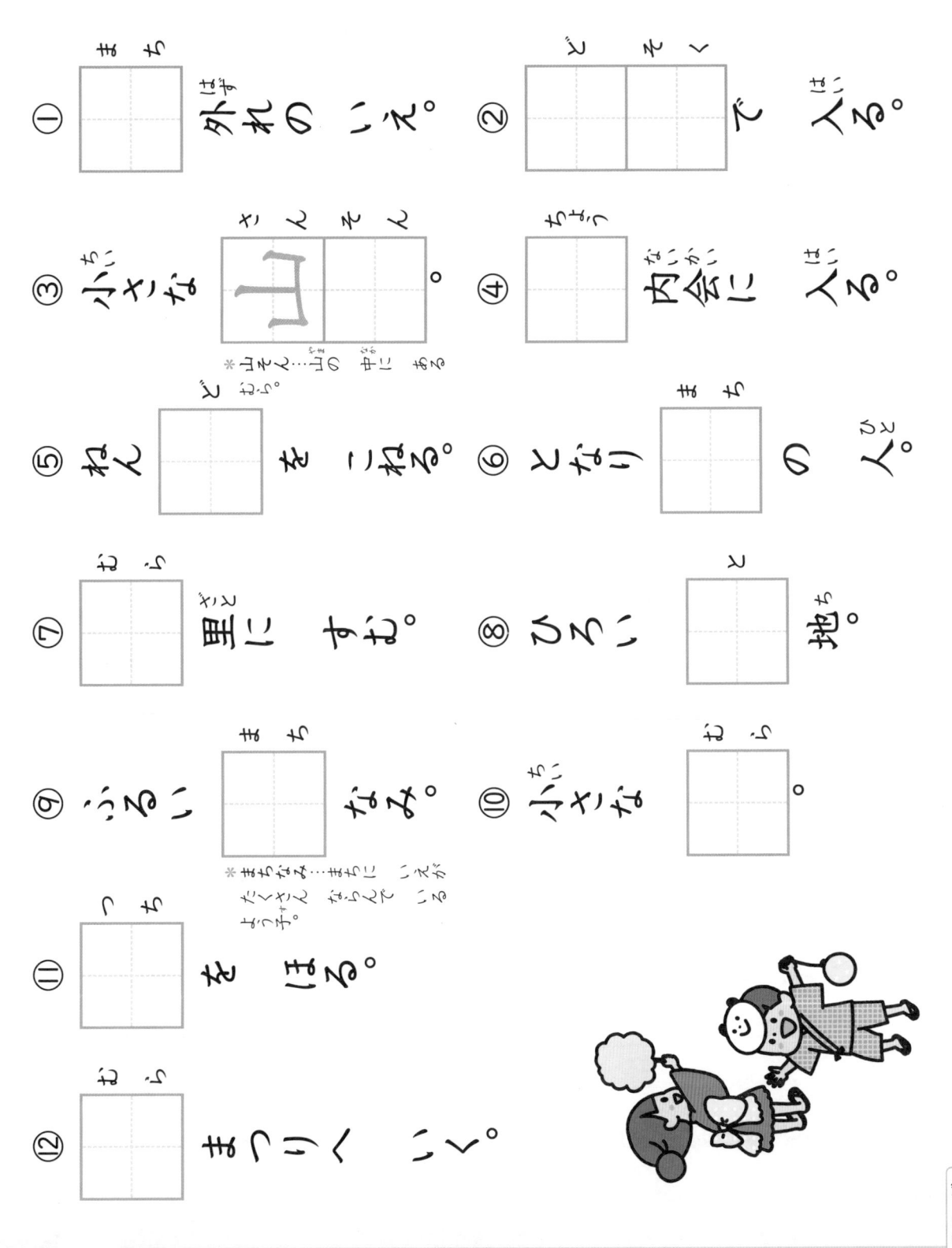

クイズ 「土」の 正しい かきじゅんは どれかな。
① 一二十 ② 十一一 ③ 一十一

もくひょう 15ふん　がつ にち　とくてん てん　なまえ

1 □に あてはまる かん字を かきましょう。　1つ4てん【24てん】

① □(みず)だまりに 入(はい)る。

② 大(おお)きな □(かな)ごえ。

③ たき□(ひ) を する。

④ まるい □(つき) が 出(で)る。

⑤ □(つち) けむりが 立(た)つ。

⑥ □(てん) 長(ちょう)に なる。

2 □に 曜日の かん字を かきましょう。　1つ4てん【28てん】

① □(にち)曜日 ➡　② □(げつ)曜日 ➡　③ □(か)曜日 ➡

④ □(すい)曜日 ➡　⑤ □(もく)曜日 ➡　⑥ □(きん)曜日 ➡

⑦ □(ど)曜日

3 ——せんの かん字の よみがなを かきましょう。 1つ3てん[12てん]

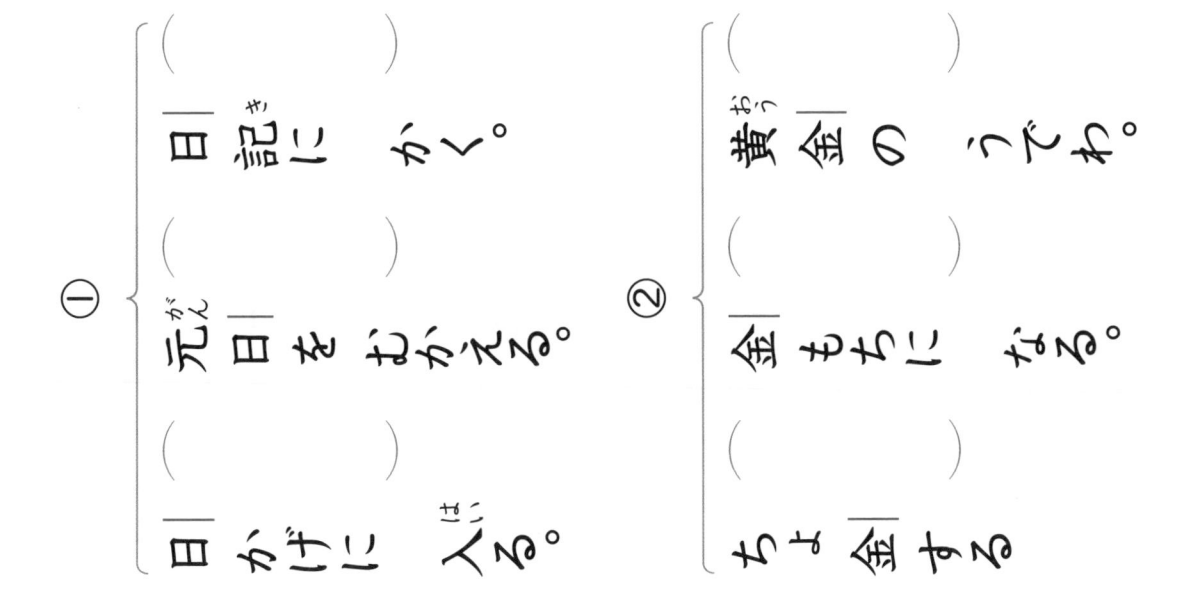

①（　　　　）あすは 四日だ。

②（　　　　）土地を かう。

③（　　　　）町長を えらぶ。

④（　　　　）村人が あつまる。

4 ——せんの かん字の よみがなを かきましょう。 1つ4てん[24てん]

①（　　　　）日記に かく。
（　　　　）元日を むかえる。
（　　　　）日かげに 入る。

②（　　　　）黄金の うでわ。
（　　　　）金もちに なる。
（　　　　）ちょ金する

5 □に おなじ よみかた いみの ちがう かん字を かきましょう。 1つ3てん[12てん]

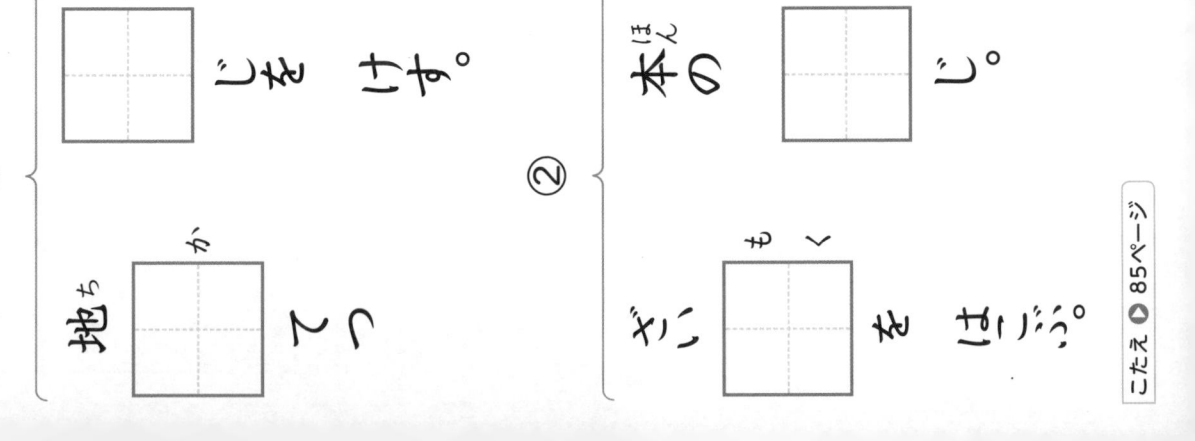

①　□か じを けす。
　　地□か て

②　本の □もく じ。
　　だい□もくを はぶく。

白

よみかた
おん　ハク（ビャク）
くん　しろ・しら・しろ（い）

つかいかた
空白（くうはく）　白紙（はくし）
白鳥（はくちょう）　白（しろ）
白玉（しらたま）

5かく　' ｜ 白 白 白

赤

よみかた
おん　セキ（シャク）
くん　あか・あか（い）・あか（らむ）・あか（らめる）

つかいかた
赤道（せきどう）　赤は（あかは）
赤組（あかぐみ）　赤ちゃん
赤ぼう（あかんぼう）

7かく　一 十 ｆ 扌 赤 赤 赤

青

よみかた
おん　セイ（ショウ）
くん　あお・あお（い）

つかいかた
青年（せいねん）　青空（あおぞら）
青（あお）　青虫（あおむし）

8かく　一 十 ﾔ 主 丰 青 青 青

---

1 □に かん字を かきましょう。
一つ5てん【40てん】

① は く 　鳥が　とぶ。

② まっ　しろ　な　かみ。

③ しら　たま　を　つくる。

④ ＊せ き はん

＊せきはん…もちごめの中に
あずきを入れてむした
ごはん。

⑤ あ か 　組に　なる。

⑥ あ か 　ちゃん

⑦ せ い 　年ん

⑧ あ お 　虫を　見つける。

41

2 □に あてはまる かん字を かきましょう。　一つ5てん【40てん】

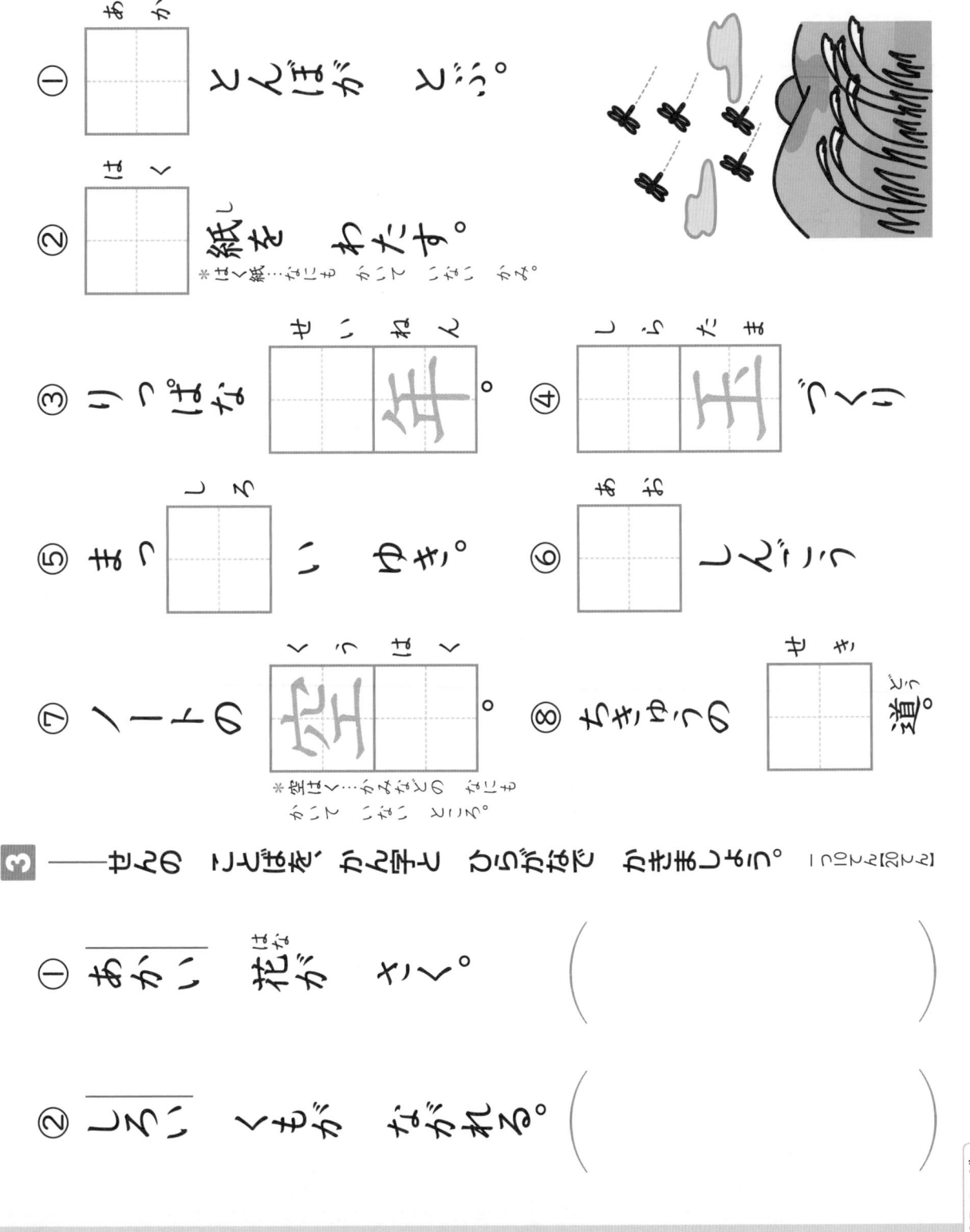

① あか [　] とんぼが とぶ。

② はく [　] 紙を わたす。
＊はく紙…なにも かいて ない かみ。

③ りっぱな せいねん [　｜年]。

④ しらだま [　｜玉] こい。

⑤ まっ しろ [　] に ゆき。

⑥ あお [　] そら。

⑦ ノートの くうはく [空｜　]。
＊空はく…かみなどの なにも かいて いない ところ。

⑧ ちきゅうの せき [　｜　] 道。

3 ——せんの ことばを、かん字と ひらがなで かきましょう。　一つ5てん【20てん】

① あかい 花が さく。　（　　　　　　　）

② しろい くもが ながれる。　（　　　　　　　）

クイズ　「白」を 「しろ」と よむのは どれかな？
①空白　②白玉　③まっ白

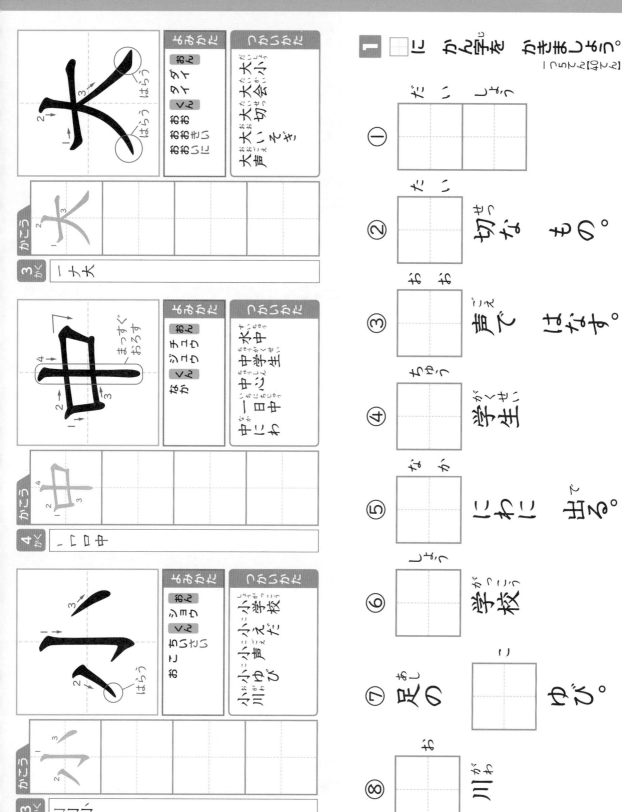

大

よみかた
おん　ダイ　タイ
くん　おお（きい）
　　　おお（いに）

つかいかた
大きい　大切
大声　大会
大だい
大すぎる

かこう　大

3かく　一ナ大

中

よみかた
おん　チュウ　ジュウ
くん　なか

つかいかた
中学生
中心　水中
一日中
中に入る
中わ

かこう　中

4かく　一口口中

小

よみかた
おん　ショウ
くん　ちい（さい）
　　　お　こ

つかいかた
小学校
小声　小だ
小さい　小ゆび
川　小だ

かこう　小

3かく　丿小小

---

1 □に かん字を かきましょう。
一つ5てん【40てん】

① だい　しょう

② だい　切な　もの。

③ おお　声で　はなす。

④ ちゅう　学せい

⑤ なか　にわに　出る。

⑥ しょう　学校

⑦ 足の　こ　ゆび。

⑧ お　川が

2 □に あてはまる かん字を かきましょう。 [1もん5てん/45てん]

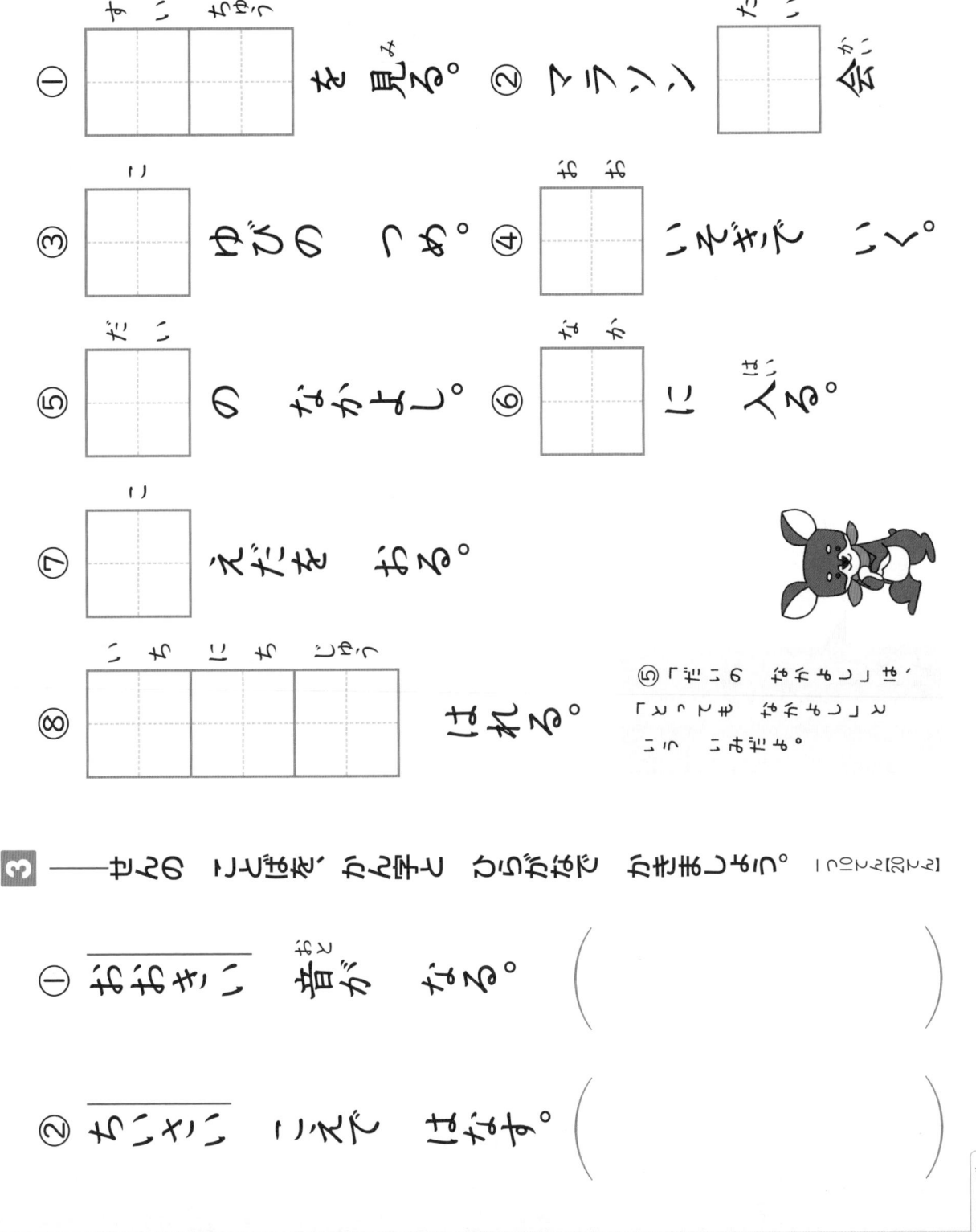

① ［すこ／ちゅう］ を見(み)る。

② マラソンに ［た こ］ 会(か)。

③ ［こ］ゆびの さ…。

④ ［おお］こえが おお…。

⑤ ［だ こ］の なかよし。

⑥ ［な か］に 入(はい)る。

⑦ ［こ］えだを おる。

⑧ ［こ ち に ち じゅう］ はれる。

⑤「だい小（しょう）」は、「てんてん やねだ」と「ノノ ノ やねだ」とに、こいます。

3 ──せんの ことばを、かん字と ひらがなで かきましょう。 [1もん5てん/20てん]

① おおきい 音(おと)が なる。 （　　　　　）

② ちいさい こえで はなす。 （　　　　　）

クイズ 「中」の 正(ただ)しい かきじゅんは どちらかな?
①チ-中 ②チ-ロ-中

㉑ かんじテスト ⑤

なまえ

もくひょう 15ふん

月　日

とくてん　てん

2 ──せんの かん字と かなづかいが ちがう ことばを かきましょう。 1つ5てん[20てん]

① ちこに 音が きこえる。
（　　　）

② おほきに いえに すむ。
（　　　）

1 □に あてはまる かんじを かきましょう。 1つ3てん[30てん]

① （たい）会をひらく。

② 町の（はと）鳥がとぶ。

③ （しろ）いへ。

④ （ちゅうしん）の。

⑤ （せき）道を。

⑥ 空の（はく）ペーン。

⑦ ゆびの（い）先。

⑧ にわに（なか）入る。

⑨ （お）いろ。

⑩ （い）声ではなす。

4 ━ せんの かんじの よみがなを かきましょう。 〔1もん5てん〕

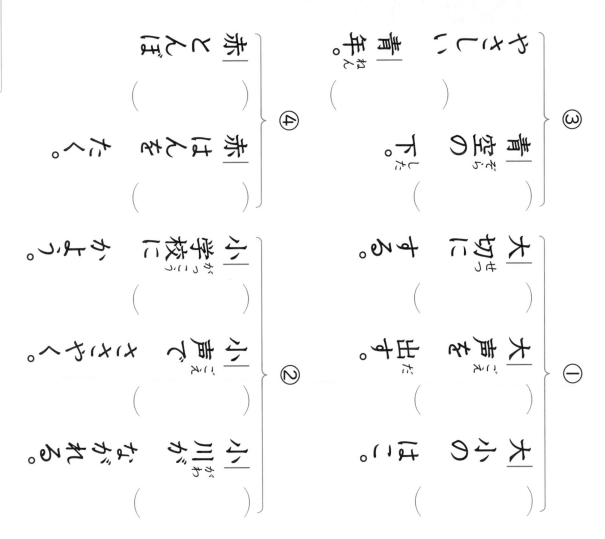

③
やさしい（　）
青そら空の下した。（　）
青年ねん。（　）

大切せつに 大声ごえを 出だす。
①
大だい小 大の はずかしい。

④
赤あか とんぼ（　）（　）
とんぼを（　）　赤あかはねが（　）
たべ。（　）　学校がっこうに（　）

②
小がっ学校に 小がわ川（　）（　）
小さな声ごえで 川かわがながれる。（　）（　）

①
大だい小 大の はずかしい。（　）（　）

---

3 ━ □に なかまの かんじを かきましょう。 〔1もん4てん〕

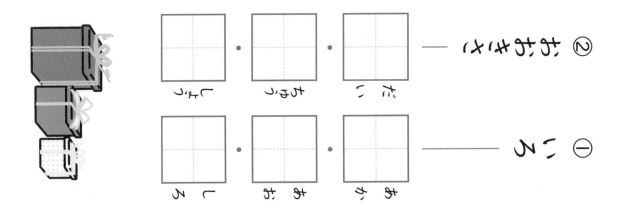

② おおきさ ━ □ ・ □ ・ □
（だ/い）（ちゅう）（しょう）

① いろ ━ □ ・ □ ・ □
（あ/か）（あ/お）（き/ろ）

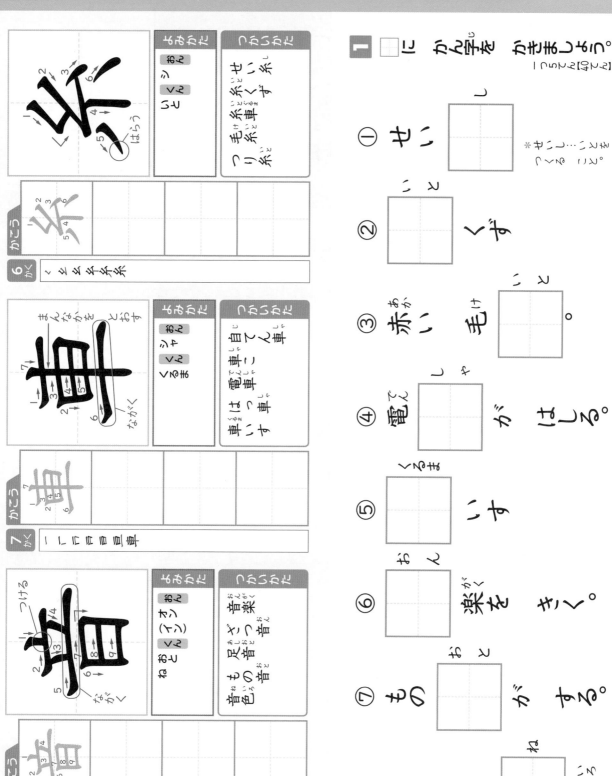

2 □に あてはまる かん字を かきましょう。 1つ5てん[60てん]

① しゃ
　□に 入れる。

② こと
　□くすを とる。

③ おん
　□楽が きこえる。

④ くるま
　□こすを おす。

⑤ こと　くもち
　□□を かく。
　＊ことくもち…ことを
　　かく どうぐ。

⑥ あめ
　きし□が する。

⑦ こえの □（ね）色。

⑧ はし □する。

⑨ しり □り。

⑩ あし　おと
　□□が する。

⑪ 大きな おと□を 立てる。

⑫ 自（じ）ん しき□ で はしる。

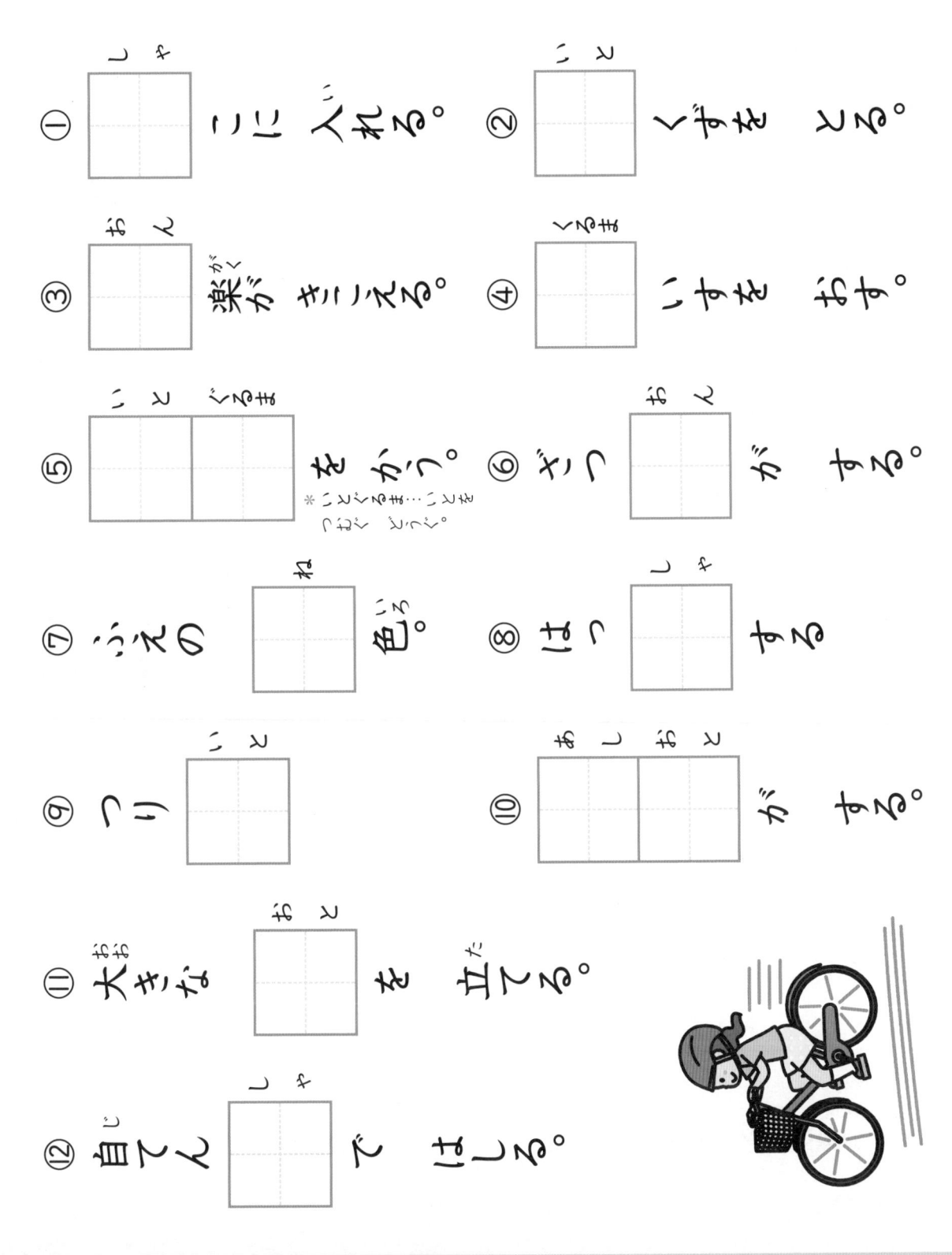

クイズ
「糸」は なんかくで かくかな？
①6かく　②7かく　③8かく

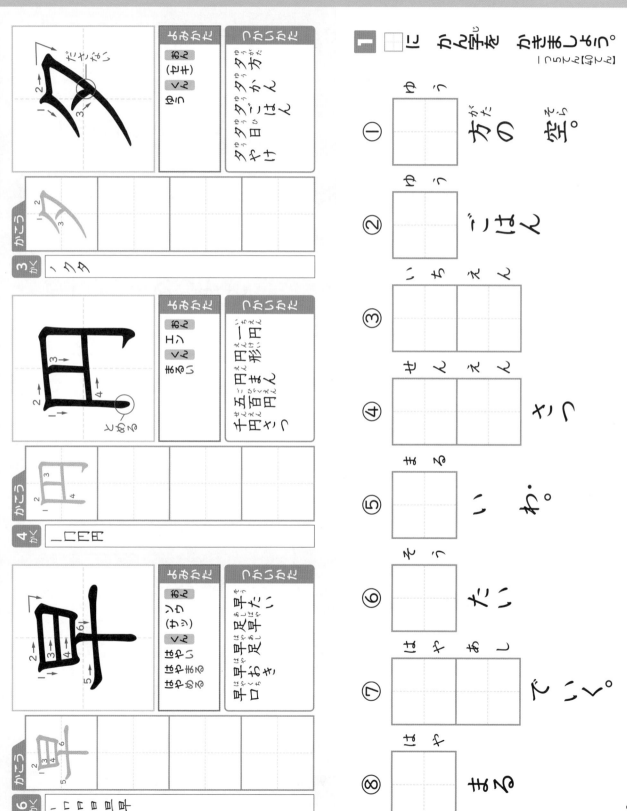

もくひょう 10ぷん　月　日　てん　とくてん

1 □に かん字を かきましょう。
1つ5てん【40てん】

① ゆう
　方の 空。

② ゆう
　ごはん

③ いち えん

④ せん えん
　さつ

⑤ まる
　い か。

⑥ えん
　だい

⑦ はや　あし
　で いく。

⑧ はや
　まる

■夕
よみかた
おん （セキ）
くん ゆう
つかいかた
夕がた
夕ごはん
夕日
夕やけ
3かく　ノ ク 夕

■円
よみかた
おん エン
くん まるい
つかいかた
千円
五百円
円い
円形
一円玉
まるい
円ま
4かく　｜ 冂 冃 円

■早
よみかた
おん （サッ）
くん はやい
はやまる
はやめる
つかいかた
早い
早足
早口
足早
早おき
はやまる
はやめる
6かく　｜ 冂 曰 旦 早 早

49

2 □に あてはまる かん字を かきましょう。

一つ5てん【40てん】

① □(えん) 形(けい)の つくえ。

＊えん形…まるい かたち。

② □(ゆう) かんを よむ。

③ □□(あしばや)

④ □(ゆう) やけの 空(そら)。

⑤ □□(ゆうひ) を 見(み)る。

⑥ □□□(ごひゃくえん)

⑦ □(そう) たいする

＊そうたい…きめられた じこくよりも はやく かえる こと。

⑧ □□(はやくち) ことば

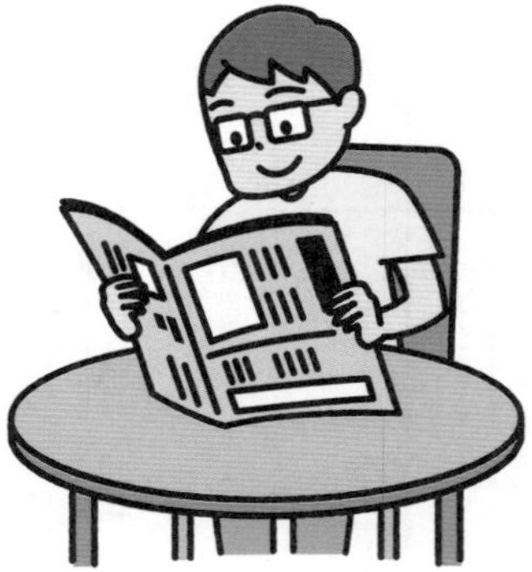

3 ――せんの ことばを、かん字と ひらがなで かきましょう。

一つ10てん【20てん】

① 出(しゅっ)ぱつを <u>はやめる</u>。（　　　）

② <u>まるい</u> シールを はる。（　　　）

クイズ

「早」を 「そう」と よむのは どれかな？

① 早おき ② 早たい ③ 早足

こたえ ▶ 85ページ

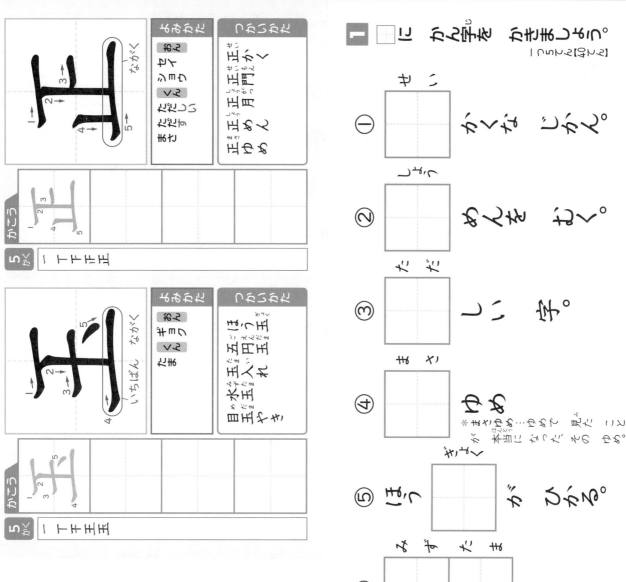

てん

もくひょう 10ぷん

月　日

とくてん

正

よみかた
おん　セイ／ショウ
くん　ただしい／ただす／まさ

つかいかた
正しい／正かく／正月／正門／正せい

かこう
5かく　一 丅 下 正 正

玉

よみかた
おん　ギョク
くん　たま

つかいかた
目玉／水玉／玉入れ／五円玉／玉ねぎ

かこう
5かく　一 丅 干 王 玉

---

1 □に かん字を かきましょう。
1つ5てん【40てん】

① □（せい）かく な じかん。

② □（しょう）めんを なく。

③ た□（だ）しい 字。

④ □（まさ）ゆめ
＊まさゆめ…ゆめで 見た ことが 本当に なった その ゆめ。

⑤ ほう□ が ひかる。

⑥ □□（みず たま）

⑦ □□（だ ま）い れ

⑧ □□（め だま）やき

「玉」の 十二の てんを わすれない ように しよう。

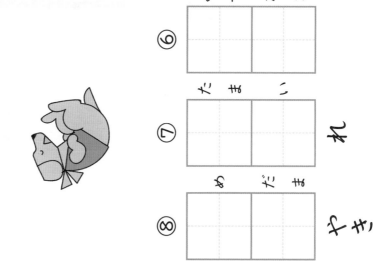

51

2 □に あてはまる かん字を かきましょう。 1つ5てん〔40てん〕

① ［た ま／じ］□□ れ

② ［み ず た ま］□□ の ふく。

③ 小学校の ［せい］□ 門もん。

④ し せいを ［た だ］□ す。

⑤ ［ま さ］□ ゆめを 見みた。

⑥ お ［しょう が つ］□□

⑦ ［め／だ ま］□□ やき

⑧ ［ご え ん だ ま］□□□

3 □に おなじ よみかたで いみの ちがう かん字を かきましょう。 1つ5てん〔10てん〕

① ［せい］□ かくに こたえる。

② ［せい］□ 年ねんだちが つどう。

①「せいかく」は
「ただしい」と
いう いみだよ。

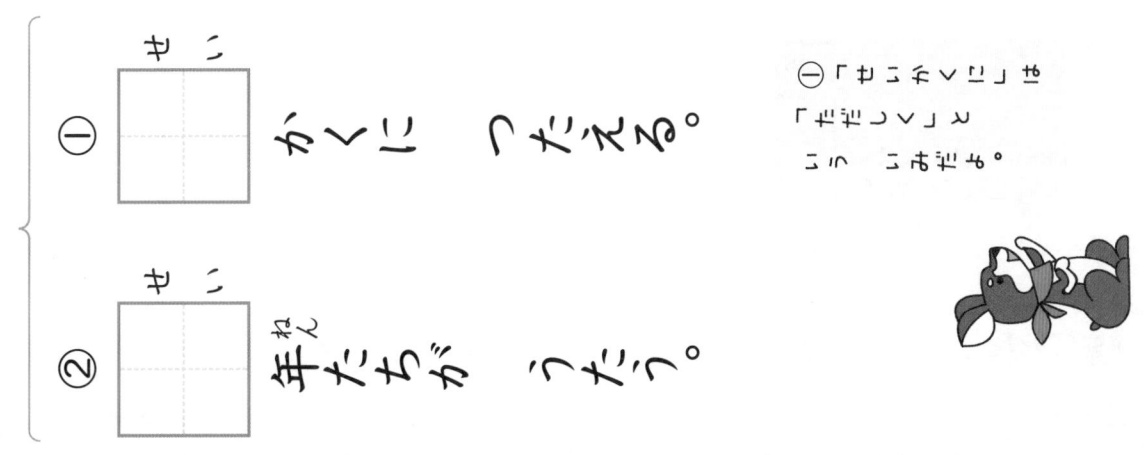

こたえ ▶ 86ページ

クイズ 「正」を「せい」と よむのは どれかな？
①正かく ②正月 ③正ゆめ

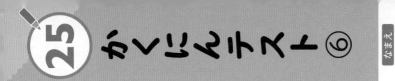
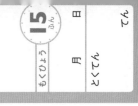

なまえ

もくひょう 15ふん
月 日
とくてん てん

1 □に あてはまる かん字を かきましょう。 1つ4てん[32てん]

①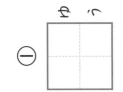
ゆう □ 方に なる。

② 小さな もの □（お と）。

③ 自てん □（しゃ） に のる。

④ □（しょう） めんを 見る。

⑤ 毛 □（い と） の ふく。

⑥ □（え ん） まんな 人ひと がら。

⑦ たのしい □□（お ん） 楽。

⑧ □□（だ ま い） れを する。

2 ——せんの ことばを かん字と ひらがなで かきましょう。 1つ4てん[12てん]

① <u>ただしい</u> しせい。 （　　　　　）

② <u>まるい</u> いけ。 （　　　　　）

③ 足を <u>はやめる</u>。 （　　　　　）

3 ――せんの かん字(じ)の よみがなを かきましょう。 一つ4てん【40てん】

①
- 正ゆめを 見(み)る。（　）
- 正しい こたえ。（　）
- 正かくな とけい。（　）

②
- 音楽(がく)の じかん。（　）
- 足音を 立(た)てる。（　）
- ピアノの 音色(いろ)。（　）

③
- ちちは 早おきだ。（　）
- 学校(がっこう)を 早たいする。（　）

④
- 大(おお)きな ほう玉。（　）
- 水玉もよう（　）

4 □に おなじ よみかたで、いみの ちがう かん字を かきましょう。 一つ4てん【16てん】

①
- せい□(し) 工場(こうじょう)
- ちょう□(し) に のる。

②
- □(しょう) 月(がっ)に なる。
- 町(まち)の □(しょう) 学校。

こたえ ▶ 86ページ

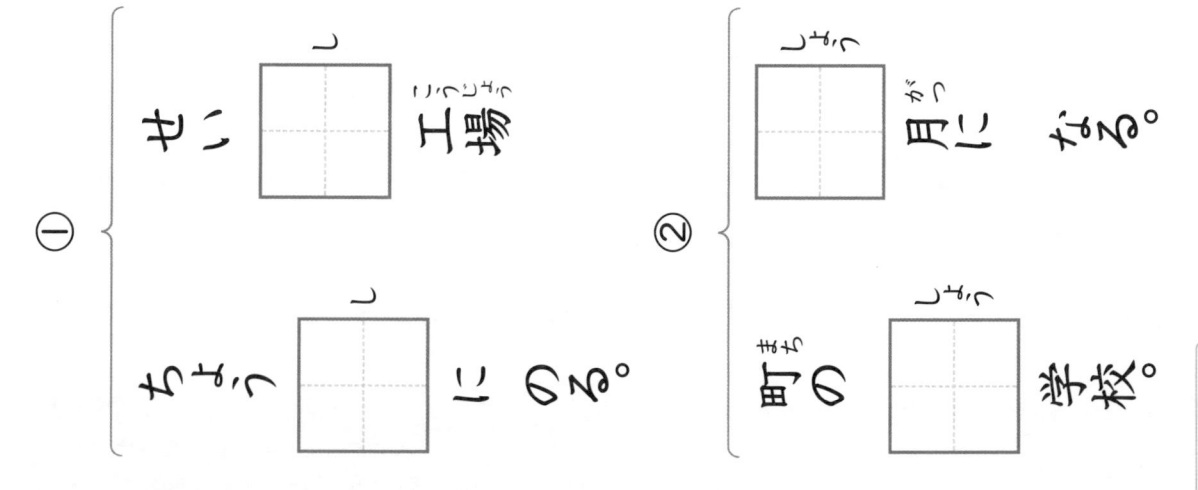

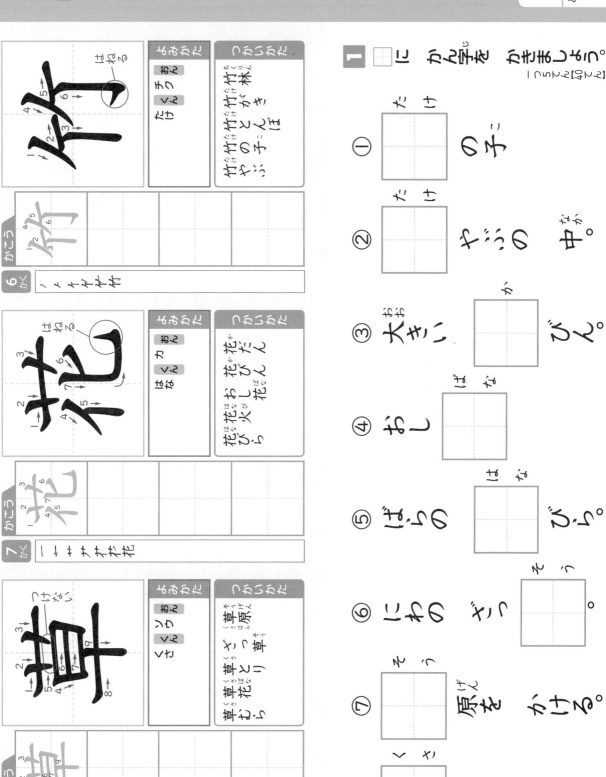

2 □に あてはまる かん字を かきましょう。 〔1つ5てん/40てん〕

① □<small>か</small> だんの はら。

② □<small>たけ</small> とんぼ

③ □林<small>ちくりん</small> に 入<small>はい</small>る。

④ □<small>くさ</small> むらの 中<small>なか</small>。

⑤ にわの □□<small>くさばな</small>。

⑥ たかい □<small>たけ</small> がき。
＊たけがき…
たけで
つくった
かき。

⑦ ひろい □<small>そう</small> 原<small>げん</small>。

⑧ □□<small>はなび</small> を 見<small>み</small>る。

3 □に おなじ よみかたで、いみの ちがう かん字を かきましょう。 〔1つ5てん/20てん〕

① □<small>そう</small> だこ する

② だこ □<small>そう</small> を ぬく。

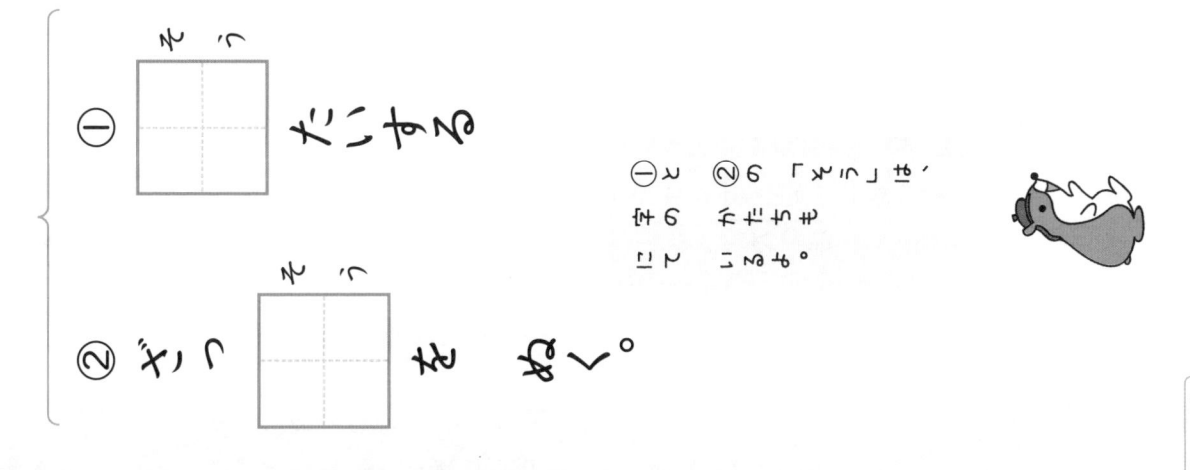

①と ②の 「そう」は、
どちらも
「そう」と
よみますが、
いみが
ちがいます。

こたえ 86ページ

クイズ
「花」を 「か」と よむのは どれかな?
①花びら ②花火 ③花だん

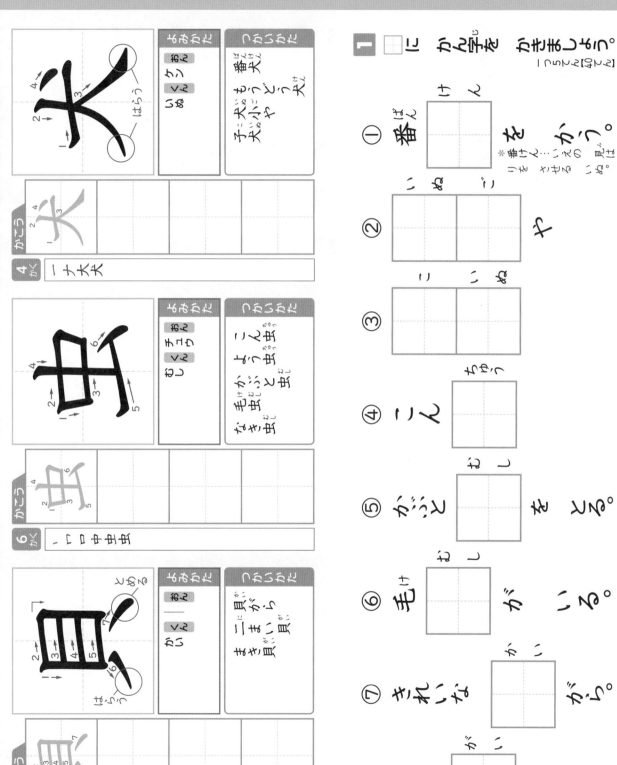

2 □に あてはまる かん字を かきましょう。 1つ5てん[40てん]

① むしの よ□。 〔ちゅう〕

② かわ□□。 〔こ・ね〕

③ □□を ずつ。 〔こ・ね〕

④ せつびょう□。 〔け・ん〕

⑤ □まい。 〔が・い〕

⑥ なき □ の こ。 〔な・し〕

⑦ かぞく □。 〔な・し〕

⑧ 白い □ から。 〔か・い〕

3 □に おなじ よみかたで、いみの ちがう かん字を かきましょう。 1つ5てん[20てん]

① 水□ を のむ。 〔ちゅう〕

② □ を とる。 〔ちゅう〕

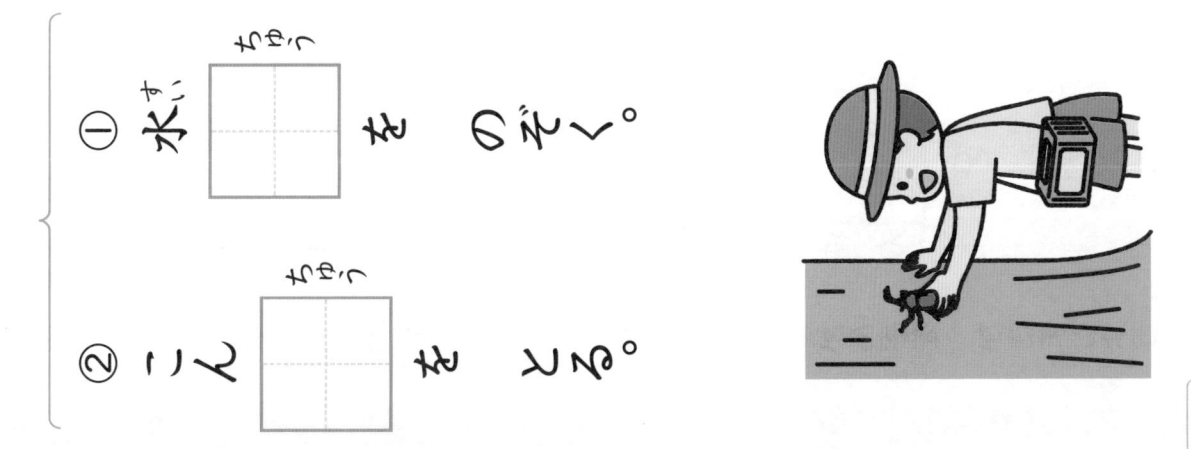

こたえ → 86ページ

クイズ 「犬」を 「けん」と よむのは どれかな。
①子犬 ②もうどう犬 ③犬ぞり

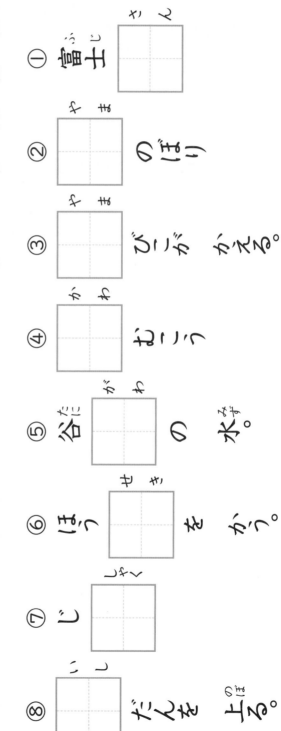

28 山・川・石

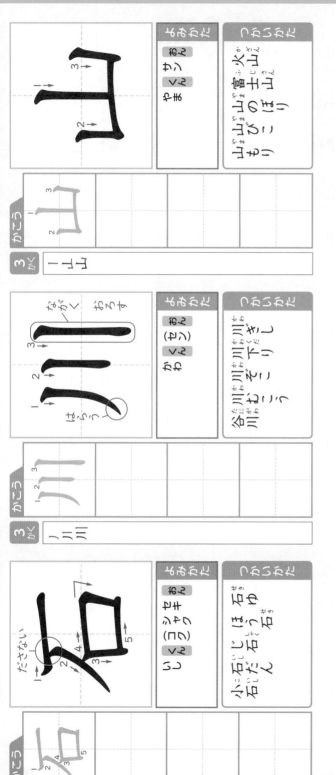

もくひょう 10ぷん

月　日

とくてん　　てん

山

3かく

ー 山 山

かこう

よみかた
- おん: サン
- くん: やま

つかいかた
- 火山(かざん)
- 富士山(ふじさん)
- 山(やま)のぼり
- 山(やま)びこ
- 山(やま)もり

川

3かく

ノ 川 川

かこう

ながく おろす

はらう

よみかた
- おん: (セン)
- くん: かわ

つかいかた
- 川(かわ)ぎし
- 川下(かわくだ)り
- 川(かわ)ぞこ
- 川(かわ)むこう
- 谷川(たにがわ)

石

5かく

一 ア 不 石 石

かこう

ださない

よみかた
- おん: セキ、シャク、(コク)
- くん: いし

つかいかた
- 石(せき)ゆ
- ほう石(せき)
- じ石(しゃく)
- 石(いし)だん
- 小石(こいし)

1 □に かん字(じ)を かきましょう。 一つ5てん【40てん】

① 富士(ふじ)□(さん)

② □(やま)のぼり

③ □(やま)びこが かえる。

④ □(かわ)むこう

⑤ 谷(たに)□(がわ)の 水(みず)。

⑥ ほう□(せき)を かう。

⑦ じ□(しゃく)

⑧ □(いし)だんを 上(のぼ)る。

2 □に あてはまる 漢字(じ)を かきましょう。

一つ5てん【40てん】

① □□(かわ)ぎしの 草(くさ)。

② じ□(しゃく)に くっつく。

③ □□(かわ)ぞこを 見(み)る。

④ □□□□(かわくだ)りを する。

⑤ □□□□(こいし)を ひろう。

⑥ □□(やま)もりの ごはん。

⑦ □□□□(かざん)が ある。

⑧ □□(せき)ゆストーブ

3 □に おなじ よみかたで、いみの ちがう かん字を かきましょう。

一つ10てん【20てん】

① 富士(ふじ)□□(さん)に のぼる。

② □□(さん)台(だい)の 車(くるま)。

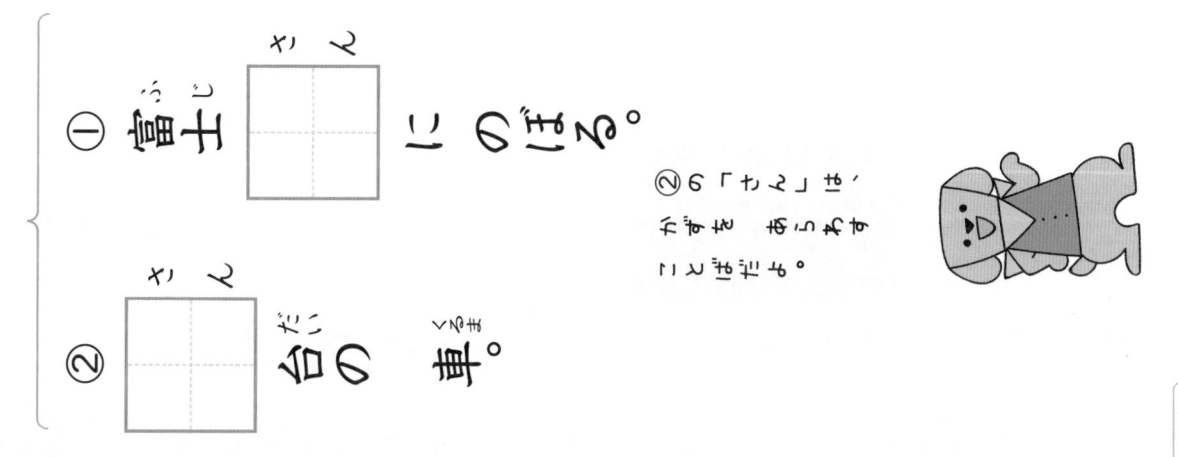

②の「さん」は、かずを あらわす ことばだよ。

クイズ

「石」を 「しゃく」と よむのは どれかな？

① 石だん ② ほう石 ③ じ石

こたえ ▶ 86ページ

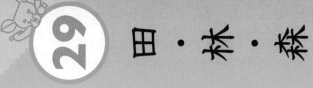

田

よみかた
おん　デン
くん　た

つかいかた
田んぼ
水田
ゆうえん田
田うえ
田うえ

かこう

5かく
一　ⅡⅢ田田

林

よみかた
おん　リン
くん　はやし

つかいかた
林間学校
山林
ぞう木林
林道
森林

かこう

8かく
一　十　オ　木　村　村　林

森

よみかた
おん　シン
くん　もり

つかいかた
森林
森林公園
森林よく

かこう

12かく
一　十　オ　木　オ　本　本　森　森　村　村　森

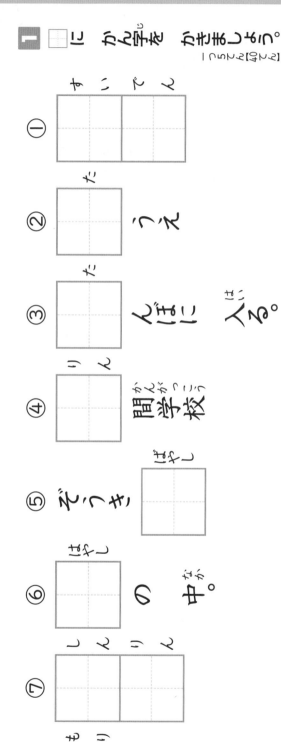

1 □に かん字を かきましょう。
1つ5てん〔40てん〕

① ［すいでん］

② ［た］うえ

③ ［た］んぼに 入る。

④ ［りん］間学校

⑤ ぞうき［ばやし］

⑥ ［はやし］の 中。

⑦ ［しんりん］

⑧ ［もり］の 中。

② □に あてはまる かん字を かきましょう。 〔１つ５てん〔60てん〕〕

① □□ の 中（なか）。　（furigana: さんりん）

② □□ の せわ。　（furigana: すいでん）

③ ふかい □。　（furigana: もり）

④ しらはの □。　（furigana: せん）

⑤ ゆ□を はる。　（furigana: てん）
＊ゆてん…弓（ゆみ）の 出る ところ。

⑥ □□ 公園（こうえん）。　（furigana: しんりん）

⑦ まし □ の 中。　（furigana: はし）

⑧ ひろい □ はた。　（furigana: た）

⑨ □んぼの 中。　（furigana: た）

⑩ □の 木のみ。　（furigana: もり）

⑪ □道（どう）を あるく。　（furigana: りん）

⑫ □□ よくを する。　（furigana: しんりん）
＊しんりんよく…もりや はやしの 中を あるき、きれいな 空気を すって 元気に なる こと。

⑪「りん道」は、「き＝木」が さんぼんの 中を あらわす ことばだから、「り」を ニつ かきます。

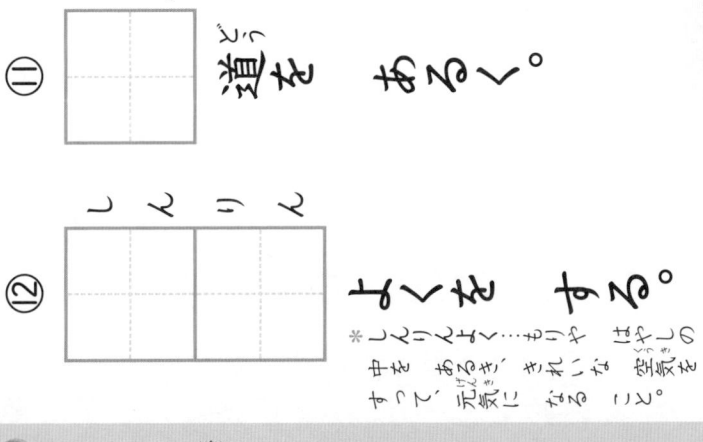

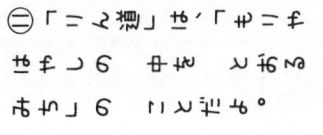
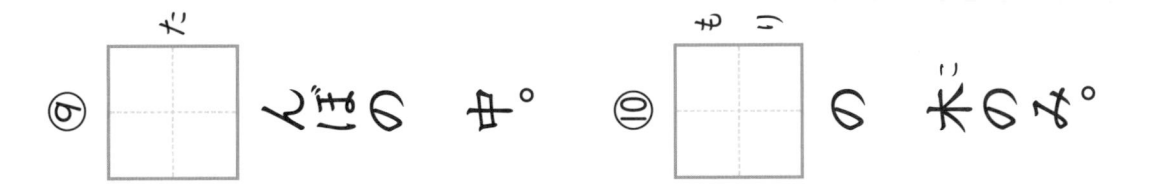
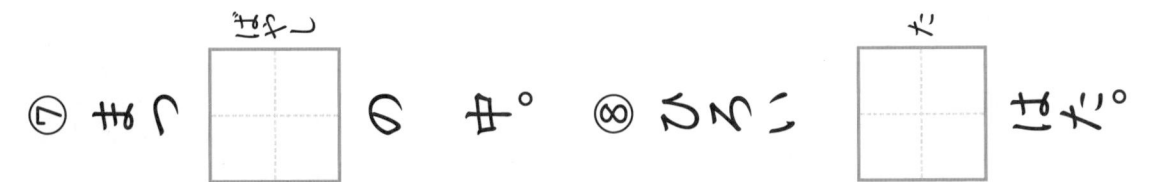
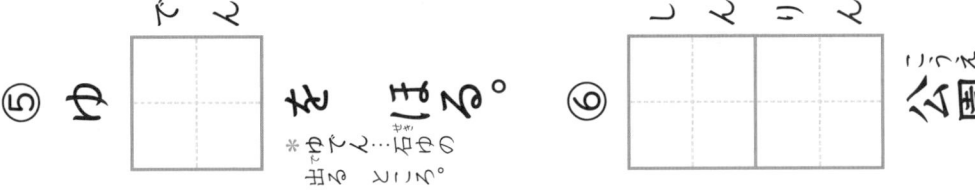
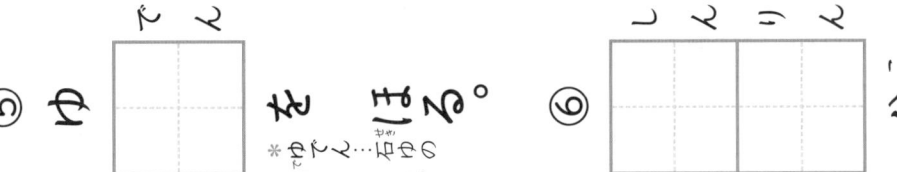

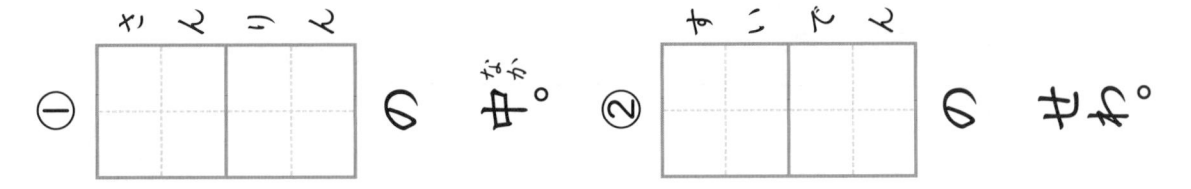

クイズ 「田」の 正しい かきじゅんは どれかな。
① ｜ 一 ｜ 口 田 田　② ｜ 口 口 田 田　③ ｜ 口 口 田 田

こたえ ▶ 86ページ

30 空・気・雨

もくひょう 10ぷん
月　日
とくてん　　てん

空

8かく
丶 ⺌ 宀 穴 穵 空 空 空

よみかた
おん　クウ
くん　そら　あく　あける　から

つかいかた
空気（くうき）
空こう（くうこう）
大空（おおぞら）
空き地（あきち）
空ぶり（からぶり）

気

6かく
ノ ㇒ 乍 气 気 気

よみかた
おん　キ　ケ
くん　—

つかいかた
気おん（きおん）
気もち（きもち）
元気（げんき）
ゆう気（ゆうき）
気はい（けはい）

雨

8かく
一 厂 冂 而 雨 雨 雨 雨

むきに　ちゅうい

よみかた
おん　ウ
くん　あめ　あま

つかいかた
雨天（うてん）
風雨（ふうう）
大雨（おおあめ）
雨雲（あまぐも）
雨やどり（あまやどり）

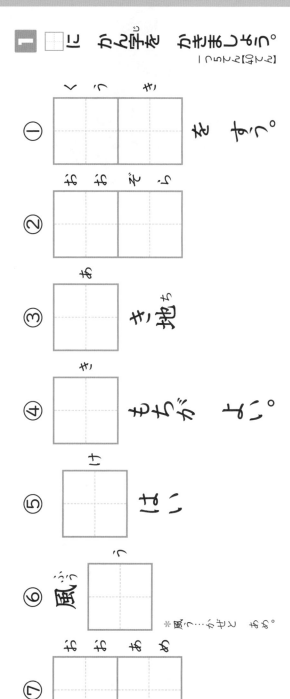

1 □に　かん字を　かきましょう。　一つ5てん【40てん】

① □□（くうき）を　すう。

② □□（おおぞら）

③ □（あ）き地（ち）

④ □（き）もちが　よい。

⑤ □（け）はい

⑥ 風（ふう）□（う）

＊風う…かぜと　あめ。

⑦ □□（おおあめ）

⑧ くろい　□（あま）雲（ぐも）。

2 □に あてはまる かん字を かきましょう。 〔2てん×12もん〕

① だい [き]□おん。

② ゆう [き]□が 出る。

③ ひろい [あ]□き地。

④ [そ ら]□の ほし。

⑤ [け]□はいが する。
*けはい…なんとなく かんじられる ようす。

⑥ [あ め]□が ふる。

⑦ [く う]□こうへ いく。

⑧ 青い [そ ら]□。

⑨ [か ら]□ごはんを する。

⑩ 元 [き]□が いい。

⑪ [あ め]□水につける

⑫ [こ う て ん]□が つづく。
*こうてん…てんきが よく なる こと。

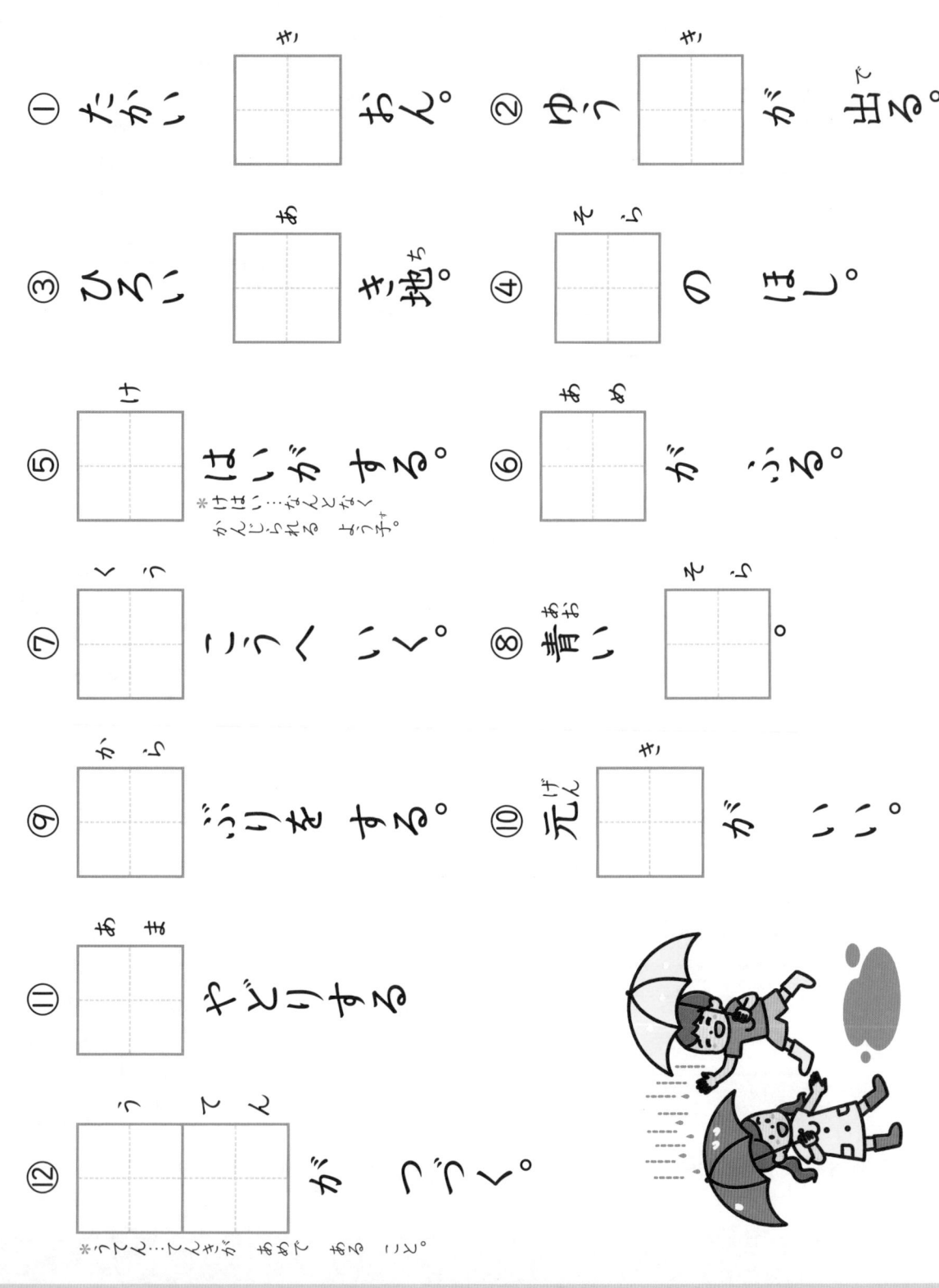

こたえ ▶86ページ

クイズ 「気」を 「け」と よむのは どれかな?
①気はい ②元気 ③気もち

31 かくにんテスト⑦

1 □に あてはまる かん字を かきましょう。　1つ4てん[32てん]

① ゆう[気き]を 出だす。

② [犬いぬ]を かう。

③ [川かわ]が ながれる。

④ [林はやし]の 中なかを あるく。

⑤ [竹たけ]やぶに 入はいる。

⑥ [貝かい]がらを ひろう。

⑦ 赤あかい [花はな]を つむ。

⑧ [田た]うえを する。

2 □に あてはまる かん字を かきましょう。　1つ3てん[12てん]

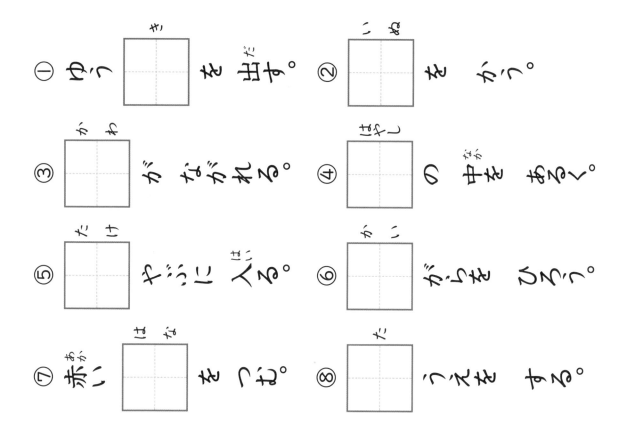

① [空そら]

② [山やま]

③ [雨あめ]

④ [森もり]

3 ——せんの かん字の よみがなを かきましょう。 1つ4てん【24てん】

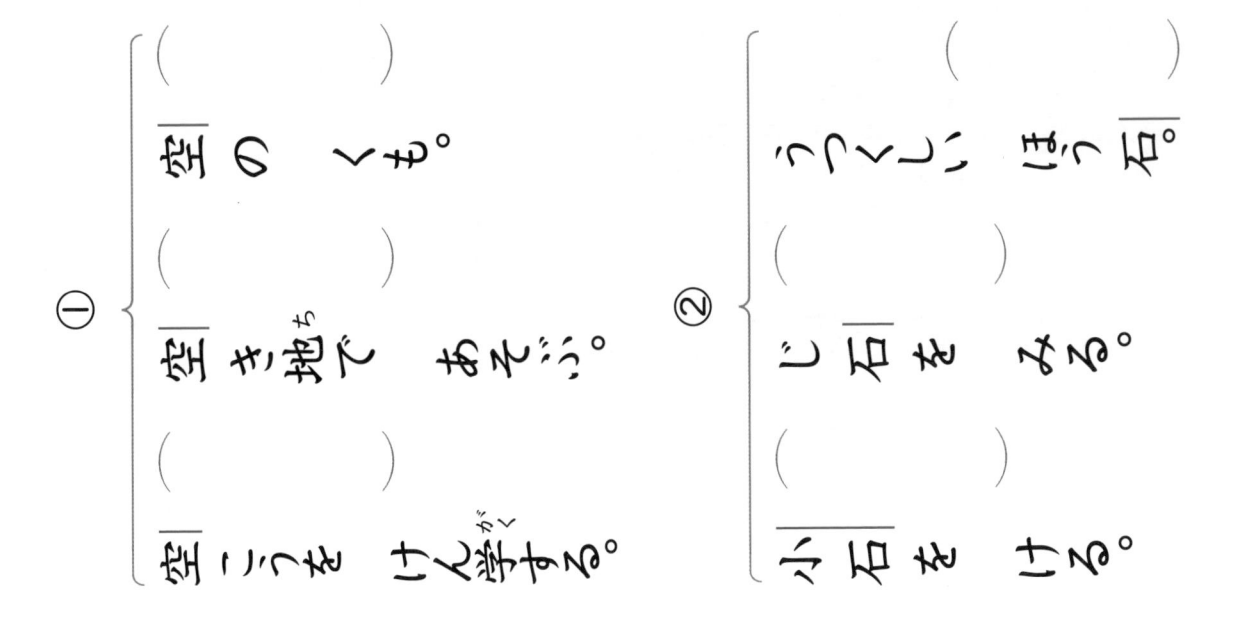

①
（　　　　）
空の くも。

（　　　　）
空き地ち で あそぶ。

（　　　　）
空こうを けん学がくする。

②
（　　　　）
こうくうに ほう石。

（　　　　）
じ石を みる。

（　　　　）
小石を ける。

4 □に おなじ よみかた で、いみの ちがう かん字を かきましょう。 1つ4てん【32てん】

①
ひるに ［そう］だいする。

［そう］原げんを はしる。

②
学校がっこうの ［か］だん。

［か］山ざんを みる。

③
もうどう ［けん］。

［けん］を きく。

④
［ちゅう］の 本ほん。

［ちゅう］学生がくせいの あね。

年・学・校

年

よみかた
おん トシ
くん ネン

つかいかた
少ない年
長い年月
来年
年こし
年下

6かく ' 亠 仁 午 年

学

よみかた
おん ガク
くん まなぶ

つかいかた
学ねん
小学生
学しゅう
学校
通学
入学

8かく ' ' ' ' ' 学 学 学

校

よみかた
おん コウ
くん

つかいかた
校もん
校長先生
学校
校歌

10かく 一 十 オ オ オ 杉 杉 村 村 校

① 少[ねん] の こえ。

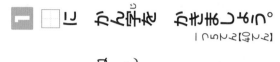

② 来[ねん] の なつ。

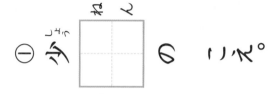

③ [とし][した] の 子ご。

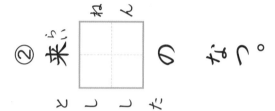

④ [がく][ねん]。

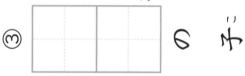

⑤ 通[がく] する

⑥ [がっ][こう]。

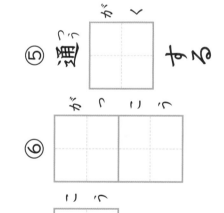

⑦ [こう][ちょう]先生。

⑧ [こう]門を 出る。

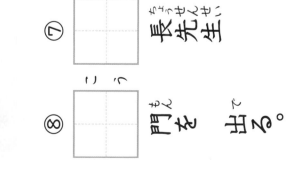

「年」の 正しい 書きじゅんは、①、②と いった 年、②、①と いった 年、どちらかな?

こたえ ● 87ページ

2 □に あてはまる かん字を かきましょう。　1つ5てん〔50てん〕

① ひろい ［　］。

② 元気（げんき）な ［　］。

③ 来（らい）［　］ ……。

④ ［　］［　］で 会（あ）う。

⑤ ［　］［　］の 人（ひと）。

⑥ ［　］しゅつ する。

⑦ ［　］門（もん）から 入（はい）る。

⑧ ［　］の ゆめ。
*「長」は、「ながい」……「ねん……ねんげつ」。

⑨ ［　］に ……。
*「ことし」は……あたまの……とくべつな よみかた。

⑩ 字（じ）を ［　］。

⑪ ［　］歌（うた）を うたう。

⑫ ［生］［　］［　］に なる。

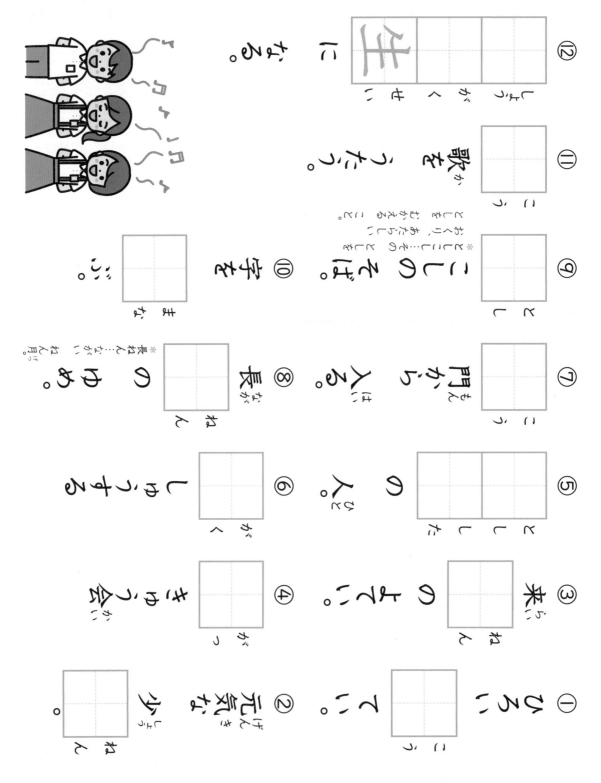

33

文・先・生

文

よみかた
おん モン ブン 〈モ〉
くん (ふみ)

つかいかた
てんもん
文（ぶん）
作文（さくぶん）
文（ぶん）しょう
文（ぶん）か
文（ぶん）だい
文（ぶん）しゅう

4かく ` 一 ナ 文

先

よみかた
おん セン
くん さき

つかいかた
先（せん）月（げつ）
先（せん）日（じつ）
先（さき）頭（とう）
行（い）き先（さき）
まっ先（さき）

6かく ` ⺊ ⺊ 生 生 先

生

よみかた
おん セイ・ショウ
くん いきる・いかす いける・うまれる うむ・おう・はえる はやす・なま (おこ)・(き)

つかいかた
生（せい）と
先生（せんせい）
一生（いっしょう）
生（う）まれる
生（う）まれた日（び）
生（なま）肉（にく）
生（い）きもの

5かく ` ⺊ ⺊ 生 生

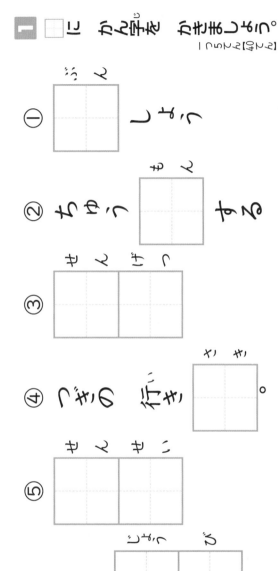

1 □ に かん字を かきましょう。
1つ5てん【40てん】

① [　　] ぶん し ょ う

② ちゅう [　　] もん する

③ [　　] せんげつ

④ つぎの 行き [　　] さき 。

⑤ [　　] せんせい

⑥ たん [　　] じょう び

⑦ [　　] い きもの

⑧ [　　] なま 肉を か。

2 □に あてはまる かん字(じ)を かきましょう。

一つ5てん【40てん】

① □(せん) 頭(とう)に 立(た)つ。

② つま□(さき)が いたい。

③ □(なま) 肉(にく)を やく。

④ □□(いっしょう)を すごす。

※いっしょう…うまれて から しぬまで。

⑤ □□(せんじつ)の 天気(てんき)。

⑥ 作(さく)□(ぶん)を かく。

⑦ うみの □(い)きもの。

⑧ 山(やま)の □□(てんもん)台(だい)。

※てんもん台…ほしの ようすなどを かんそくする ところ。

3 □に おなじ よみかたで、いみの ちがう かん字を かきましょう。

一つ10てん【20てん】

① 学校(がっこう)の □(せい)門(もん)。

② 女(おんな)の せん□(せい)。

よみかたにも ちゅうい。「せえ×もん」「せんせえ×」では ないよ。

クイズ

「生」の 正(ただ)しい かきじゅんは どれかな？

① ノ 𠂉 𠂉 𠂒 生　② ノ 𠂉 牛 牛 生　③ ノ 𠂉 𠂉 牛 生

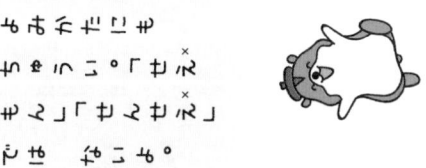

こたえ ▶ 87ページ

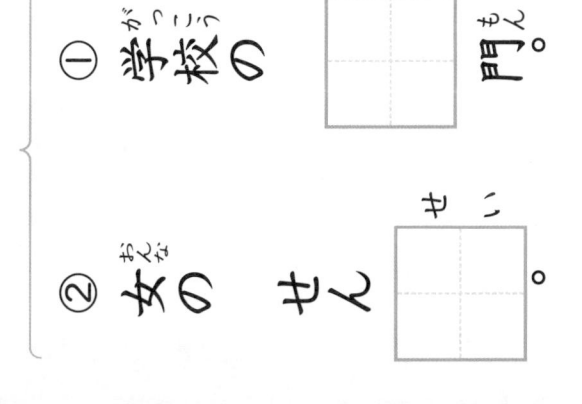

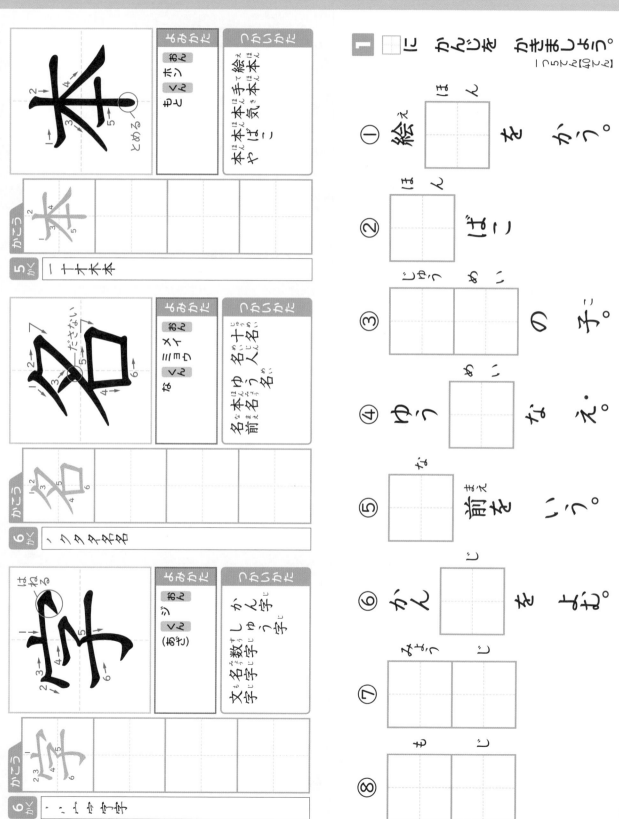

本

よみかた
おん ホン
くん もと

つかいかた
本気 ほんき
本ばこ ほんばこ
手本 てほん
絵本 えほん

5かく 一 十 オ 木 本

名

よみかた
おん メイ ミョウ
くん な

つかいかた
名人 めいじん
名前 なまえ
名じん めいじん
本名 ほんみょう

6かく ノ ク タ タ 名 名

字

よみかた
おん ジ
くん (あざ)

つかいかた
字 じ
名字 みょうじ
数字 すうじ
文字 もじ

6かく ´ ` ` ` 宀 字 字

1 ☐ に かんじを かきましょう。

1つ5てん【40てん】

① 絵（え） ☐☐（ほん） を かく。

② ☐☐（ほん） ばこ

③ ☐☐（じゅう め い）の 字（じ）。

④ ゆう ☐☐（め い）な え。

⑤ ☐（な）前（まえ）を いう。

⑥ か ん ☐（じ）を よむ。

⑦ ☐☐（みょう じ）

⑧ ☐☐（も じ）

71

2 □に あてはまる かんじを かきましょう。

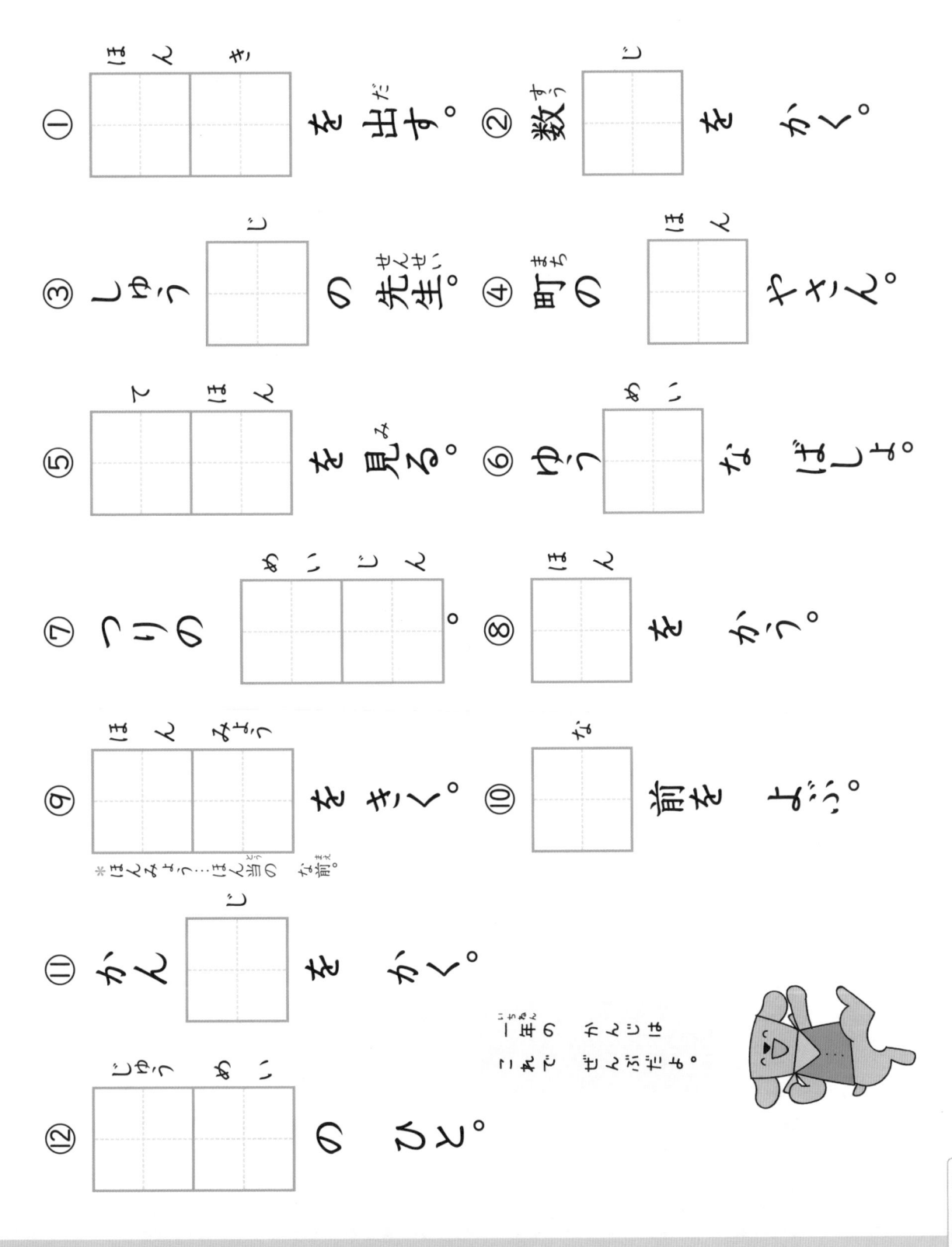

① ［ほん］［き］を 出(だ)す。

② 数(すう)［じ］を かく。

③ しゅう［じ］の 先生(せんせい)。

④ 町(まち)の ［ほん］やさん。

⑤ ［て］［ほん］を 見(み)る。

⑥ ゆう［めい］な はし。

⑦ この ［めい］［じん］。

⑧ ［ほん］を かう。

⑨ ［ほん］［みょう］を きく。

＊ほんみょう…ほんとうの 名前(なまえ)。

⑩ ［な］前を よぶ。

⑪ かん［じ］を かく。

⑫ ［じゅう］［めい］の ひと。

一年の かんじは これで ぜんぶだよ。

クイズ 「名」を 「みょう」と よむのは どれかな？
① ゆう名 ②名人 ③名字

なまえ

もくひょう **15**ふん

月 日

とくてん てん

1 □に あてはまる かんじを かきましょう。　1つ4てん[32てん]

① せみの □□。

② ゆう□ な 人。

③ □ 肉を きる。

④ □□ へ いく。

⑤ □□ を よぶ。

⑥ つま□ で 立つ。

⑦ □ を よむ。

⑧ □□ を かく。

2 ——せんの ことばを、かんじと ひらがなで かきましょう。
1つ4てん[12てん]

① 足し算を まなぶ。　　（　　　　）

② 子ねこが うまれる。　（　　　　）

③ 草が はえる。　　　　（　　　　）

73

4 □に おなじ よみかたの かん字を かきましょう。 [1つ10点]

①
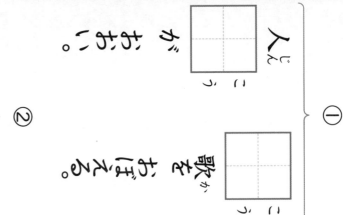
[ ]人[じん]が おおい。

おおぜいの [ ]が 歌[か]を おぼえる。

②
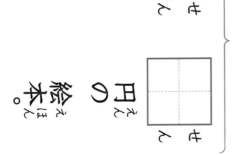
[ ]の 頭[とう]を はしる。

円[えん]の 総[そう]本[ほん]。

3 ──の かん字の よみがなを かきましょう。 [1つ5点]

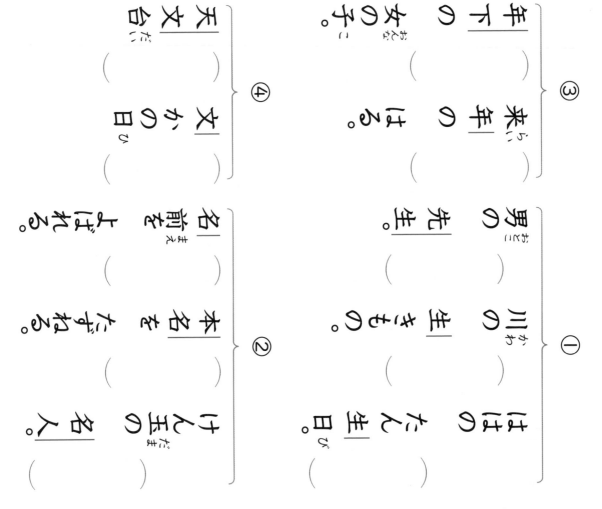

③
年下[としした]の 来[らい]年[ねん]の （　　　）

女[おんな]の 子[こ]。 （　　　）

①
男[おとこ]の 川[かわ]の はばの （　　　）

先生[せい]の 生[い]きもの。 （　　　）

たんじょう日[び]。 （　　　）

④
天文台[てんもんだい] （　　　）

文[ぶん]かの 日[ひ] （　　　）

②
名前[なまえ]を よばれる。 （　　　）

本名[ほんみょう]を たずねる。 （　　　）

74

なまえ

もくひょう 15ふん
月 日
とくてん てん

1 ──せんの かん字の よみがなを かきましょう。 1つ4てん[24てん]

① 王さまの おしろ。 （　　　　）

② 大きな まちを かく。 （　　　　）

③ 六百人も いる。 （　　　　）

④ 竹やぶの 中に 入る。 （　　　　）

⑤ 十本の かれ木。 （　　　　）

⑥ 小学校へ かよう。 （　　　　）

2 □に あてはまる かん字を かきましょう。 1つ4てん[24てん]

① 人の [いっ][しょう]。

② [と][し][た] の いとこ。

③ [は][な][び] を する。

④ からと [むし] を かう。

⑤ [や][ま] に のぼる。

⑥ [に] 羽の からす。

3 かきじゅんの 正しい ほうに、○を つけましょう。　1つ4てん[0てん]

① あ（　）　丶　十　上
　 い（　）　一　十　上

② あ（　）　ノ　ナ　右　右
　 い（　）　一　ナ　右　右

③ あ（　）　丨　十　土
　 い（　）　一　十　土

④ あ（　）　ノ　ナ　左　左
　 い（　）　一　ナ　左　左

4 ——せんの ことばを、かん字と ひらがなで かきましょう。　1つ4てん[12てん]

① おにいさんは ここのつだ。　（　　　　　）

② 赤ちゃんが うまれた。　（　　　　　）

③ おとうとは ちいさい。　（　　　　　）

5 つぎの かん字は、なんかくで かきますか。（　）に かくすうを 数字で かきましょう。　1つ4てん[24てん]

① 田（　　） ② 出（　　） ③ 糸（　　）

④ 字（　　） ⑤ 水（　　） ⑥ 五（　　）

こたえ ▶87ページ

1 ──せんの かん字の よみがなを かきましょう。 1つ4てん[32てん]

① （　　　　　）
月が 出る。

（　　　　　）
手紙を 出す。

② （　　　　　）
車が 二台。

（　　　　　）
自てん車を かう。

③ （　　　　　）
くやに 入る。

（　　　　　）
水を 入れる。

④ （　　　　　）
くやの 中に 立つ。

（　　　　　）
中学生の あに。

2 はんたいの いみや 組みになる かん字を くみあわせた ことばを、下の
□の かん字を つかって つくり、□□に かきましょう。 1つ5てん[20てん]

・ |　　|　　|

・ |　　|　　|

・ |　　|　　|

・ |　　|　　|

```
男　小
大　女
上　右
下　左
```

77

こたえ ▶ 88ページ

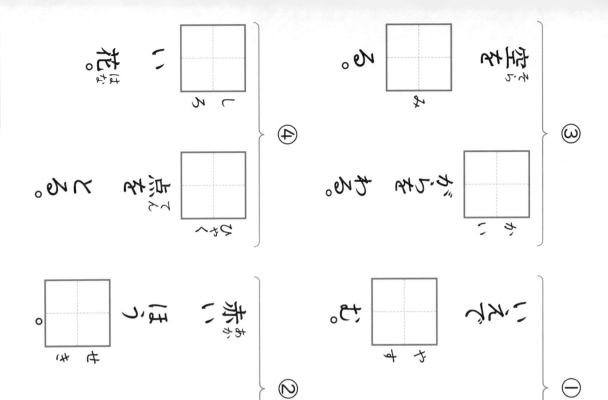

4 上の かん字に ただしく 気を つけて、□に かん字を かきましょう。 〔1もん 2てん〕

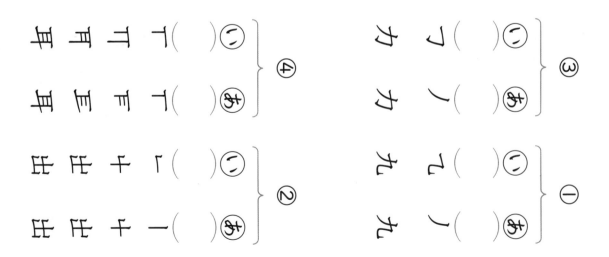

3 なかまの 正しい 書き方に ○を つけましょう。 〔1もん 2てん〕

1 ──せんの　かんじの　よみがなを　かきましょう。　1つ4てん[24てん]

（　　　　　　　）
① 天の川が見える。

（　　　　　　　）
② 金づちで うつ。

（　　　　　　　）
③ 雨やどりを する。

（　　　　　　　）
④ 白玉を だべる。

（　　　　　　　）
⑤ 町長の はなし。

（　　　　　　　）
⑥ 木かげで 休む。

2 □に あてはまる かんじを かきましょう。　1つ5てん[40てん]

① 大きな　[あ　し　お　と]　。

② 学校の　[せ　ん　せ　い]　。

③ [か　わ]　を わたる。

④ 元き[げん　き]　を 出す。

⑤ おとなと　[こ]　ども。

⑥ [も　じ]　を ならう。

⑦ [せ　ん　え　ん]　さつ。

⑧ 絵[え]　[ほ　ん]　を よむ。

3 ——せんの　ことばを、かんじと　ひらがなで　かきましょう。　1つ5てん[20てん]

① あかい　こがいを　つむ。　（　　　　　）

② あおい　つみが　みえる。　（　　　　　）

③ ただしい　しせいを　する。　（　　　　　）

④ きゅうな　さかを　のぼる。　（　　　　　）

4 □に　あてはまる　かんじを　□の　中から　えらんで、かきましょう。　1つ4てん[20てん]

① [　]を　さます。　　② [　]で　ける。

③ [　]で　つかむ。　　④ [　]で　きく。

⑤ [　]で　いう。

口　目　耳　手　足

1 □に あてはまる かん字を かきましょう。 1つ4てん【24てん】

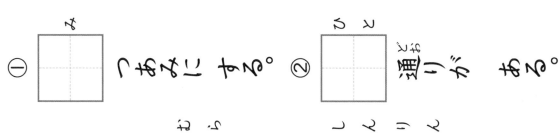

① [み] □　しあみに する。

② [ひと] □　通りが ある。

③　となりの [おら] □。

④ [しんりん] □□　よく

⑤ [いぬ] □□　や

⑥ [な] □　前を かく。

2 ——せんの かん字の よみがなを かきましょう。 1つ4てん【24てん】

①（　　　　）
　四月四日

②（　　　　）
　五月五日

③（　　　　）
　六月六日

④（　　　　）
　七月七日

⑤（　　　　）
　八月八日

⑥（　　　　）
　九月九日

3 □に あてはまる かん字を かきましょう。 1つ5てん【40てん】

① <ruby>雨<rt>あめ</rt></ruby> □が やむ。

② <ruby>左<rt>ひだり</rt></ruby> □ぎりの ひと。

③ <ruby>草花<rt>くさばな</rt></ruby> □□の 名前。

④ <ruby>水<rt>みず</rt></ruby> □だまりが できる。

⑤ <ruby>下<rt>した</rt></ruby> □じきを しく。

⑥ 毛<ruby>糸<rt>いと</rt></ruby> 毛□の ぼうし。

⑦ <ruby>赤<rt>あか</rt></ruby>い <ruby>夕日<rt>ゆうひ</rt></ruby> □□。

⑧ すんだ <ruby>大空<rt>おおぞら</rt></ruby> □□。

4 ——せんの ことばと はんたいの いみの ことばを、□から えらんで かん字と ひらがなで かきましょう。 1つ4てん【12てん】

① <ruby>小<rt>ちい</rt></ruby>さい 字。 ⟷ (　　　　　)

② せきに すわる。 ⟷ (　　　　　)

③ おそい じかん。 ⟷ (　　　　　)

たつ　おおきい　あがる　はやい

こたえとアドバイス

① 一・二・三　5〜6ページ

1 ①一 ②一 ③二 ④二 ⑤二 ⑥三 ⑦三 ⑧三

2 ①一年生 ②二年 ③三 ④一本 ⑤二 ⑥三 ⑦三 ⑧三日月

3 ①一つ ②二つ

クイズ ②

② 四・五・六　7〜8ページ

1 ①四 ②四 ③五 ④五 ⑤五 ⑥五 ⑦六 ⑧六

2 ①五月 ②四日 ③六 ④四 ⑤四月 ⑥六 ⑦五 ⑧六人

3 ①六つ ②四つ

クイズ ③

③ 七・八・九　9〜10ページ

1 ①七五三 ②七 ③八 ④八 ⑤八 ⑥九 ⑦九 ⑧九

2 ①九月 ②七 ③八 ④七日 ⑤八人 ⑥九 ⑦七月 ⑧九

3 ①八つ ②九つ

クイズ ①

●アドバイス
2 ①・⑥・⑧「九」は、「ノ九」という書き順に注意させましょう。

④ 十・百・千　11〜12ページ

1 ①十 ②十 ③十 ④百 ⑤百 ⑥千 ⑦千 ⑧千

2 ①千円 ②十人十 ③百 ④百 ⑤十円 ⑥千本 ⑦十五 ⑧十日 ⑨百年 ⑩千 ⑪十 ⑫百

クイズ ③

●アドバイス
1 ④「百」の音読みは「ヒャク」ですが、使い方によって、⑤「百(ひゃく)」「三百(さんびゃく)」「六百(ろっぴゃく)」などのように読み方が促音、濁音、半濁音に変わります。

⑤ かくにんテスト①　13〜14ページ

1 ①百 ②一 ③千 ④十五 ⑤七 ⑥七 ⑦六 ⑧六 ⑨千 ⑩三

2 ①九つ ②二つ ③五つ

3 ①はち・や・よう ②し・よ・よん ③じゅう・じっ(じゅっ)・とお ④く・きゅう・ここの

4 ①ひと ②ふた ③み ④よ ⑤い ⑥む ⑦なな ⑧や

⑥ 上・下・左　15〜16ページ

1 ①上 ②上 ③上 ④下 ⑤下 ⑥下 ⑦左 ⑧左

2 ①下 ②川上 ③左手 ④上 ⑤上下 ⑥左 ⑦川下 ⑧下

3 ①下りる ②上る

クイズ ②

⑦ 右・入・出　17〜18ページ

1 ①右 ②右 ③入 ④入 ⑤出 ⑥出 ⑦出 ⑧出

2 ①入 ②出 ③右手 ④入 ⑤左右 ⑥出 ⑦右足 ⑧出

3 ①入る ②出る

クイズ ②

●アドバイス
2 ⑤「左右」の「左」の一画目は「一」、「右」の一画目は「ノ」です。注意させましょう。

⑧ 立・休・見 19~20ページ

1 ①立 ②立 ③休 ④休 ⑤休 ⑥見 ⑦見 ⑧見

2 ①休 ②見 ③見 ④立 ⑤花見 ⑥見学 ⑦立 ⑧休

3 ①立てる ②休む

クイズ ②

⑨ かくにんテスト② 21~22ページ

1 ①下 ②右 ③立 ④人 ⑤上 ⑥左 ⑦見 ⑧人 ⑨一休 ⑩出

2 ①入れる ②下げる ③見せる

3 ①だ ②しゅつ ③み ④にゅう

4 ①じょう・かみ・のぼ ②け・かく・だ

5 ①上 ②右 ③下 ④左

⑩ 子・女・男 23~24ページ

1 ①子 ②子 ③女 ④女子 ⑤女 ⑥男子 ⑦男 ⑧男

2 ①大男 ②女子 ③女 ④男 ⑤子 ⑥女 ⑦男 ⑧子 ⑨女 ⑩男 ⑪男女 ⑫子

クイズ ②

アドバイス
2 ②・⑤・⑧・⑫「子」の一・二画目を続けて書かないようにさせましょう。

⑪ 人・王・天 25~26ページ

1 ①人 ②人 ③人 ④王 ⑤女王 ⑥天 ⑦天 ⑧天

2 ①王 ②王 ③天 ④人 ⑤天気 ⑥王女 ⑦人 ⑧天 ⑨王 ⑩人気 ⑪天 ⑫人

クイズ ②

⑫ 口・目・耳 27~28ページ

1 ①人口 ②口 ③口 ④目 ⑤目 ⑥目 ⑦耳 ⑧耳

2 ①目 ②口 ③目 ④耳 ⑤口 ⑥目 ⑦耳 ⑧耳 ⑨目 ⑩口 ⑪耳 ⑫口

クイズ ③

アドバイス
2 ①・③・⑥・⑨「目」を「日」としないよう注意させましょう。④・⑦・⑧・⑪「耳」の五画目は、右上にはらい、六画目の右に少し出ます。

⑬ 手・足・力 29~30ページ

1 ①手 ②手 ③足 ④手足 ⑤足 ⑥力 ⑦力 ⑧力

2 ①五足 ②手 ③手足 ④力 ⑤足 ⑥力 ⑦足 ⑧手 ⑨足 ⑩手 ⑪力 ⑫手

クイズ ②

⑭ かくにんテスト③ 31~32ページ

1 ①天 ②手 ③子 ④目 ⑤目 ⑥足 ⑦男 ⑧足

2 ①目 ②耳 ③口 ④手 ⑤足

3 ①千・四 ②口・九

4 ①りょく・ちから・りき ②じん・ひと・にん ③なん・だん ④じょ・おんな

アドバイス
4 ①「リョク」「リキ」、②「ジン」「ニン」、③「ナン」「ダン」の音読みの読み分けはそれぞれの言葉で正しく覚えさせましょう。

⑮ 日・月・火 33~34ページ

1 ①日 ②日 ③四日 ④月 ⑤二月 ⑥月日 ⑦火 ⑧火

2 ①月 ②火力 ③火 ④日 ⑤二月 ⑥火 ⑦火花 ⑧月 ⑨日 ⑩日 ⑪日 ⑫月見

クイズ ③

⑯ 水・木・金 35~36ページ

1 ①水 ②水 ③木 ④木 ⑤木 ⑥木 ⑦金 ⑧金

2 ①木 ②水 ③金 ④金 ⑤雨水 ⑥木 ⑦金 ⑧木 ⑨水 ⑩金 ⑪金 ⑫水

クイズ ②

17 土・町・村 37～38ページ

1 ①土 ②土 ③土 ④土 ⑤町 ⑥町 ⑦村 ⑧村人

2 ①町 ②土足 ③山村 ④町 ⑤土 ⑥町 ⑦村 ⑧土 ⑨町 ⑩村 ⑪土 ⑫村

クイズ ②

18 かくにんテスト④ 39～40ページ

1 ①水 ②金 ③火 ④月 ⑤土 ⑥村

2 ①日 ②月 ③火 ④水 ⑤木 ⑥金 ⑦土

3 ①まか ②と ③ちょう ④むらびと

4 ①にっ・じっ・ひ ②じん・かね・きん

5 ①火・下 ②目・木

アドバイス

1 ①「水」の一画目は、真ん中の縦画です。また「く」の部分は、二画で書きます。確認してください。

19 白・赤・青 41～42ページ

1 ①白 ②白 ③白 ④赤 ⑤赤 ⑥赤 ⑦青 ⑧青

2 ①赤 ②白 ③青年 ④白玉 ⑤白 ⑥青 ⑦空白 ⑧赤

3 ①赤い ②白い

クイズ ③

アドバイス

2 ②・④・⑤・⑦「白」は、「百」「日」と字形が似ているので、違いを意識して書かせましょう。

20 大・中・小 43～44ページ

1 ①大小 ②大 ③大 ④中 ⑤中 ⑥小 ⑦小 ⑧小

2 ①水中 ②大 ③小 ④大 ⑤大 ⑥中 ⑦小 ⑧一日中

3 ①大きい ②小さい

クイズ ②

アドバイス

2 ①・⑥・⑧「中」の長い縦画は最後に書きますが、③・⑦「小」の真ん中の縦画は最初に書きます。

21 かくにんテスト⑤ 45～46ページ

1 ①大 ②白 ③白 ④中 ⑤赤 ⑥白 ⑦小 ⑧中 ⑨青 ⑩小

2 ①小さい ②大きい

3 ①赤・青・白 ②大・中・小

4 ①だこ・おお・た ②お・い・しょう ③おお・せこ ④せき・あか

アドバイス

2 ①「小さい」②「大きい」と送りがなをまちがえやすい漢字です。一年の段階では、繰り返し書いて練習させましょう。また、「小さい」と「大きい」は、反対の意味の言葉です。組みにして覚えさせましょう。

22 糸・車・音 47～48ページ

1 ①糸 ②糸 ③糸 ④車 ⑤車 ⑥音 ⑦音 ⑧音

2 ①車 ②糸 ③音 ④車 ⑤糸 ⑥音 ⑦音 ⑧車 ⑨糸 ⑩足音 ⑪音 ⑫車

クイズ ①

アドバイス

1 ⑧「音色」は、「おんしょく」とも読みます。

23 夕・円・早 49～50ページ

1 ①夕 ②夕 ③一円 ④千円 ⑤円 ⑥早 ⑦早足 ⑧早

2 ①円 ②夕 ③足早 ④夕 ⑤夕日 ⑥五百円 ⑦早 ⑧早口

3 ①早める ②円い

クイズ ②

アドバイス

3 ②「円い」は、「円い窓」「円い皿」など、一般に平面的なものに使います。球形のものには、「丸い」を使います。

24 正・玉 51〜52ページ

1 ①正 ②正 ③正 ④正 ⑤玉 ⑥水玉 ⑦玉人 ⑧目玉

2 ①玉人 ②水玉 ③正 ④正 ⑤正 ⑥正月 ⑦目玉 ⑧五円玉

3 ①正 ②青

クイズ ①

アドバイス
2 ①・②・⑦・⑧「玉」の二画目と三画目を逆にしないようにさせましょう。

---

25 かくにんテスト⑥ 53〜54ページ

1 ①タ ②音 ③車 ④正 ⑤糸 ⑥円 ⑦音 ⑧玉人

2 ①正しい ②田ん ③早める

3 ①まさ・ただ・せい ②おん・おとし・ね ③はや・そう ④ぎょく・みだま

4 ①糸・子 ②正・小

アドバイス
1 ①「タ」の三画目は、二画目をつき出さないようにさせましょう。
②・⑦は「音」を書きますが、読み方が違います。注意させましょう。
③「車」の長い縦画は最後に書きます。確認してください。

---

26 竹・花・草 55〜56ページ

1 ①竹 ②竹 ③花 ④花 ⑤花 ⑥草 ⑦草 ⑧草

2 ①花 ②竹 ③竹林 ④草 ⑤草花 ⑥竹 ⑦草 ⑧花火

3 ①早 ②草

クイズ ③

アドバイス
2 ②・③・⑥「竹」の三画目はとめますが、六画目ははねて書きます。

---

27 犬・虫・貝 57〜58ページ

1 ①犬 ②大小 ③子犬 ④虫 ⑤虫 ⑥虫 ⑦貝 ⑧貝

2 ①虫 ②子犬 ③犬小 ④犬 ⑤貝 ⑥虫 ⑦虫 ⑧貝

3 ①中 ②虫

クイズ ②

アドバイス
2 ②・③・④「犬」の最後の点をつけ忘れないように注意させましょう。③は「小犬」でも正解とします。⑥「なき虫」と同じ意味で「虫」を使った言葉に「弱虫」があります。

---

28 山・川・石 59〜60ページ

1 ①山 ②山 ③山 ④川 ⑤川 ⑥石 ⑦石 ⑧石

2 ①川 ②石 ③川 ④川下 ⑤小石 ⑥山 ⑦火山 ⑧石

3 ①山 ②三

クイズ ③

---

29 田・林・森 61〜62ページ

1 ①水田 ②田 ③田 ④林 ⑤林 ⑥林 ⑦森林 ⑧森

2 ①山林 ②水田 ③森 ④林 ⑤田 ⑥森林 ⑦林 ⑧田 ⑨田 ⑩森 ⑪林 ⑫森林

クイズ ①

アドバイス
2 ①・④・⑥・⑦・⑪・⑫「林」の四画目はとめますが、八画目ははらって書きます。

---

30 空・気・雨 63〜64ページ

1 ①空気 ②大空 ③空 ④気 ⑤気 ⑥雨 ⑦大雨 ⑧雨

2 ①気 ②気 ③空 ④空 ⑤気 ⑥雨 ⑦空 ⑧空 ⑨空 ⑩気 ⑪雨 ⑫雨天

クイズ ①

アドバイス
2 ⑥・⑪・⑫「雨」の点のむきに注意させましょう。

31 かくにんテスト⑦ 65～66ページ

1 ①気 ②犬 ③川 ④林 ⑤竹 ⑥貝 ⑦花 ⑧田
2 ①空 ②山 ③雨 ④森
3 ①そら・あ・く ②せき・しゃく・にっし
4 ①早・草 ②花・火 ③犬・見 ④虫・中

アドバイス
1 ⑥「貝」は「見」と字形が似ているので注意させましょう。
3 ①「空」には「そら」「あく」「あける」「から」と、訓読みが四つあります。熟語や文の中で覚えさせましょう。

32 年・学・校 67～68ページ

1 ①年 ②年 ③年下 ④学年 ⑤学 ⑥学校 ⑦校 ⑧校
2 ①校 ②年 ③年 ④学 ⑤年下 ⑥学 ⑦校 ⑧年 ⑨年 ⑩学 ⑪校 ⑫小学生
クイズ ①
アドバイス
1 ⑥「学校」の「学」は、「がっ(こう)」のように促音にして読みます。

33 文・先・生 69～70ページ

1 ①文 ②文 ③先月 ④先 ⑤先生 ⑥生日 ⑦生 ⑧生
2 ①先 ②先 ③生 ④一生 ⑤先日 ⑥文 ⑦生 ⑧天文
3 ①正 ②生
クイズ ②
アドバイス
2 ③「生肉」のように「生」を「なま」と読む言葉は、ほかに「生卵」「生野菜」「生意気」などがあります。

34 本・名・字 71～72ページ

1 ①本 ②本 ③十名 ④名 ⑤名 ⑥字 ⑦名字 ⑧文字
2 ①本気 ②字 ③字 ④本 ⑤手本 ⑥名
⑦名人 ⑧本 ⑨本名 ⑩名 ⑪字 ⑫十名
クイズ ③
アドバイス
1 ⑧「文字」は、本来「もんじ」と読みますが、今では「もじ」と読むのがふつうです。

35 かくにんテスト⑧ 73～74ページ

1 ①一生 ②名 ③生 ④学校 ⑤名字 ⑥先 ⑦本 ⑧文字
2 ①学ぶ ②生まれる ③生える
3 ①じょう・く・せんせい ②めいじん・ほんみょう・な ③ねん・としした ④ぶん・てんもん
4 ①校・口 ②子・先
アドバイス
1 ④「学」と⑤・⑧「字」は字形が似ているので、違いを意識して書き分けさせましょう。
2 ②・③「生」には訓読みがたくさんあります。ほかにも「花を生ける」「ひげを生やす」「才能を生かす」など、文の意味に合わせて正しく使えるようにさせましょう。

36 まとめテスト① 75～76ページ

1 ①おう ②おお ③ろっぴゃくにん ④だけ ⑤じっぽん(じゅっぽん) ⑥しょうがっこう
2 ①一生 ②年下 ③花火 ④虫 ⑤山 ⑥二
3 ①い ②あ ③あ ④う
4 ①九つ ②生まれた ③小さい
5 ①5 ②5 ③6 ④6 ⑤4 ⑥4
アドバイス
3 それぞれの漢字の一画目は、「①縦画・②左はらい・③横画・④横画」となります。まちがえやすい筆順なので、よく復習させましょう。
5 正しい筆順で書くことで、正しい画数を知ることができます。それぞれの漢字の筆順も確認してください。

漢字さくいん

漢字さくいんは、読みかたがわからない漢字を、音訓の五十音順にならべています。小学校で習う漢字は、音読み・訓読みです。◯は訓読み。

ア
一 5／右 47／雨 17／円 63／王 49／音 25／下 47

カ
火 15／花 33／貝 55／学 67／気 59／九 9／休 57／金 51／空 35／月 63／犬 33／見 57／五 19／口 7／校 67

サ
左 27／三 15／山 59／子 5／四 25／糸 47／字 71／七 9／車 47／十 11／出 47／女 17／小 23／上 43／森 15／人 61／水 25／正 35／生 51／青 63／石 41／赤 69／千 41／川 67／先 59／早 69／草 49／足 55／村 29

タ
大 43／男 23／竹 55／中 43／虫 57／町 37／天 37／田 61／土 37

ナ
二 37／日 5／入 33／年 41／白 33

ハ
八 67／百 9／文 11／木 69／本 35

マ
名 71／目 27

ヤ
立 19

ラ
力 29／林 29／六 7

さくいん ん

まとめテスト④ 39 （81〜82ページ）

アドバイス

① ①三 ②人 ③村 ④小 ⑤森 ⑥名

② ①おおきい ②あおぞら ③はやい ④くさばな ⑤みず ⑥いと

③ ①大きい ②青空 ③早い ④草花 ⑤水 ⑥糸 ⑦夕 ⑧空

④ 送りがなは「上る」「下」の訓読みは注意が必要です。
④「金」 ②「白」 ③「あ（め）」 ④「さ（ま）」 ⑤「ほ（る）」 ⑥「き」 木 雨

まとめテスト③ 38 （79〜80ページ）

アドバイス

① ①足 ②赤い ③青い ④正しい ⑤上る

② ①千円 ②音 ③川 ④気 ⑤ちから

③ ①目 ②耳 ③手 ④正しい ⑤上る

④ ⑦足音 ⑧先生 ⑥文字

「日」と「字」などは形が似ている漢字なので、書くときに注意しましょう。「中」「虫」の音読みは同じですが、漢字の意味はちがいます。

まとめテスト② 37 （77〜78ページ）

アドバイス

① ①林 ②休 ③貝 ④音 ⑤口

② 男女・大小・上下・左右

③ ①あ ②お ③い ④あ

④ ①でる ②だ ③は ④せい（順不同）

「立・字・学」などは大切な漢字です。「音」「中」「虫」の音読みをとらえる。

-88-